JN023394

家族がいてもいなくても、自分＝ひとりで楽しめるヒント

60歳 ひとりぐらし 毎日楽しい理由

山本浩未

小学館

はじめに

60歳、もうね、ガマンしたくないんです。

ホルモンに翻弄された50代を経て60歳。

最近、ますます小さなガマンができなくなってきました。例えば、素敵だけど足が痛くなる靴とか、かっこいいけど重いバッグとか。苦手な家事や人づきあい、今までちょっと頑張ってやってたモロモロがすごく疲れちゃう。イヤじゃないけど、ちょっとガマンしたくないこと、多いです。

私はずっと、「きれいになるのも、楽しくなるのも、幸せになるのも自分次第」と言ってきました。自分を心地よくできるのは自分だけです。もう十分頑張ってきて、先も見えてきた世代だからね、私たち、もっと自分を楽しませてあげましょ

うよ。

もちろん毎日は楽しいだけじゃありません。イヤなことも、大変なことも当然あるけれど、自分自身のことはガマンしない！

自分の都合でいいんです。家族がいてもいなくても、自分＝ひとりで楽しめるようになると、世界が広がるし、楽しくなりますから。「楽しい」があれば、「やらなきゃ」が乗り越えられる。馬の鼻先ににんじん、ですね。

ってわけで、この本は、ひとりぐらし歴40年の私はこんなふうに考え、楽しんでいますよ、ってヒントになれば、とまとめました。

これが絶対！というのではなく、あくまで私のやり方で、参考にしていただけることがもしあれば、です。だって人それぞれですからね。

そして、おひとりさまの人だけでなく、家族がいる人にもぜひお伝えしたい。価値観や世界が大きく変わってくるこれからの時代、家族がいてもいなくても、自分で自分を楽しませられる人は強い！間違いないですから。

はじめに …… 2

第1章 心(こころ)
健康と元気をつくるヒント

60歳はゴールではなく
スタートの時 …… 10
自分を整えれば
下り道をもっと楽しめる …… 14
ひとりの時間は
孤独じゃなくて「宝物」 …… 18
「これが好き」で
生きていいよね …… 21
ひとりぐらし歴40年の
〝ゆる〜い〟ルール …… 24
信じたほうが得!
「美しい=若い」じゃない …… 28
自分というキャラを作ると
ラクになる …… 30
小さなクヨクヨを消す
私のコツ …… 32
60歳からは
自分にやさしく …… 34
猫との生活で
ひとりぐらしに生まれた変化 …… 37

第2章 体 からだ

良い眠りは考えすぎず自分流 …… 44
手指・足指の〝ながらストレッチ〟 …… 47
足の疲れはその日のうちに解消！ …… 49
ほっておくと危険！ 60歳からの目と歯 …… 52

第3章 食 しょく

奔放な食生活をシンプルに変える …… 56
基本の調味料はちょっとこだわる …… 58
いろんな不調に まずは水 …… 62
得意料理、3つあります …… 65

第4章　肌（はだ）

きれいな人になるヒント

スキンケアの3本柱は「落とす」「保湿」「血行」……70
美肌をつくる「スチームON顔」……75
ドライフルーツ肌にとにかくオイル……78
外からも内からもビタミンCと発酵……82
試さなきゃソン！〝21世紀美容〟……84
耳と首はケアするほどお得……87
おでこの凝りから老け顔に！……90

第5章　髪（かみ）

シャンプーは〝頭皮の筋トレ〟……93
費用対効果バツグンのドライヤーとシャワーヘッド……98
切実な白髪問題……101
〝型崩れ〟をカバーしてくれる髪形……105
〝浩末〟といえば……108

第6章 顔（かお）

これからは、メイクした顔が「私の顔」……111
基本のメイクは「白・黒・赤」があればいい……114
失った〝清潔感〟を「色」「質感」「形」で整える……116
やっぱり肌！〝令和の優秀ファンデーション〟……118
眉のお手入れ、やめてみる……121
〝一石四鳥〟効果の「ハートチーク」……124
カラーメイクはアイラインで楽しもう！……128
リアル大人こそ二重のアイテープ……132
誰でもあかぬける！「ズカ姫チャート」……136

第7章 装（よそおい） ハッピーに生きるヒント

トレードマークを決めましょう……139
メガネを味方につける……142
試着とコーデ買いのススメ……146
手元には清潔感と品格を……149
靴は〝歩ける〟が第一条件……152

第8章 暮(くらす)

湯船につかればなんとかなる …… 156
バスタオル、やめました …… 159
毎年2回
衣替えファッションショー …… 163
室礼(しつらい)で季節を感じる
季節を楽しむ …… 166
中国茶時間で整いました! …… 169
キッチンからストレッチまで
マルチに使える手ぬぐい …… 172
あえて紙の新聞と書店で
〝今〟を知る …… 174
60代からのお金の稼ぎ方
得意が仕事になるかも …… 178
SNSで
ひとりぐらしが広がる …… 180
親友探しよりも
仲間づくり …… 184

私の今の座右の書 …… 187
あとがき …… 188
本書で紹介した商品、サロン、クリニック …… 191

第1章 心 こころ

健康と元気をつくるヒント

60歳はゴールではなくスタートの時

60歳というと、昔は〝お年寄り〟というイメージでしたよね。会社勤めの人は定年を迎え、還暦のお祝いには赤いちゃんちゃんこを着て、たくさんの孫たちから「おめでとう」なんて言われているイメージ。

でも、「人生100年時代」の今、60歳は昔の印象とはまったく違うものになるんじゃないかって私は思っているんです。

かつては、60歳はある意味、人生のゴールのように捉えられていましたが、今私たちが到達した60歳って全然違う。自分の母親世代と比べても明らかです。テクノロジーや医療のめざましい進化による社会変化で、私たちはこれまで誰も経験したことのない老後を迎えようとしている。そのことを強く感じています。

簡単に言うと、今の60歳はずっと若くて、まだまだ新たな道が開ける可能性を持っている。自分自身はもちろん、周囲のいろいろな人たちを見て私はそう確信しています。

60代に突入するって、憂鬱です（見た目の老化はごまかしようがないくらいに現れてます）。不安を感じたりして（体のいろんな機能だって確実におとろえてきます）ちょっと怖いです。でも、いろいろあっても、60歳を目前にして私は今、ものすごく前向きな気持ちでいるんです。ネガティブな気持ちよりも、新たな自分に会える期待感のほうが勝っている感じです。

「人生１００年時代」ってことは、あと40年ある。40年最後まで元気でいられるかはもちろんわからないけれど、余生って考えるには長すぎるし、余生をはじめるほど枯れてもいない。元気な60代、70代以上がこれからどんどん増えていくだろうし、今までなかったようなおもしろい生き方をするリアル大人世代がたくさん登場してくるに違いない。そう考えると、ここからは〝次のステージ〟として楽しまなきゃ！　60歳超えたら今までとは違った意味で、違ったやり方で、人生を楽しめるはずだって確信しています。

ある占いで「浩未さんの人生のピークは84歳から」って言われたんです。そのときは正直、「え、84歳って、もうこの世にいなかったりして?」って思ったけど、今は「いやいや、生きているな」って。

２０２４年には、日本の50歳以上の人口が５割を超えるそうです。元気に活躍している高齢者が今以上に増えていくはずだし、私自身も死ぬまで楽しく生きる予定だから、60代はそんな楽しみのはじまりのとき。もちろん不安になるときもあるだろうけど、大丈夫って強く思い、言葉にし行動していくことが、新たな60代への第一歩になると思っています。

とはいえ、やっぱり人生の終盤に入ったのは動かせない事実でもあります。だから、まだまだ楽しめるっていう確信と同時に、今という時間をたいせつにしようという思いも強くなっています。60代の入口に立っている今こそ、心残りがあったり不本意なことに時間を使うのは心底もったいない。とにかく、今の自分をたいせつにする意識を持っていたい、と肝に銘じています。

60代を楽しむために、私が心がけていることがふたつあります。

まず、先走って、人生のエンディング意識を持たないこと。そして、今という時間に思いを残さないこと。これができれば、不安を感じてしまう心の隙間は少しずつ消えていくのでは、と思うのです。

50代の初めに出した拙著『同窓会で二番目にキレイになるには…』では〝年をとるのが楽しみ〟って言ったけど、正直実際に年をとってみたらけっこうへこんじゃってます。でも「結果よければ全てよし」ってことで、これからは、おもしろがろうと決めました。

自分を整えれば下り道をもっと楽しめる

60歳を前向きに迎えられる気持ちになれたのは、先輩後輩含め、私の周囲の女性たちの存在でした。年齢を重ねて、どこかに老化による不調や心配を抱えていたり、仕事や家庭の問題や悩みごとを抱えていたりします。でも、みなさんそれぞれ今の自分にできる生活をその人らしく楽しんでいる。下り坂だけど、そこでできることにワクワクし、行動している。反対に若い人たちの自由なあり方からは刺激や安心をもらえています。

そんな女性たちから、いろんなお手本を見つけることができます。真っ暗闇の中、まるで灯台のように行く道を照らしてくれるのです。幸せは人それぞれ、また、そうなる方法もそれぞれで、自分のペースや自分の感覚で選んで進んでいけばいいんだなって。

完璧を目指そうと躍起になったり、全部を手に入れることに必死になったりするのではなく、自分らしいものを自分のセンスと好奇心で選んで取り入れている人。自分の個性や身の丈を知った上で無理なく自分の楽しみを見つけていける人。60歳からはそんな人が、幸せでいられるのかもしれません。

今の時代、正解はひとつじゃない。周囲を見まわして感じるのは、そんな時代性です。たくさんのカルチャーがあって、趣味も流行も価値観もものすごく多様化している。年齢や性別のボーダーもどんどんなくなっているし、「60歳はゴール」っていう価値観ももう過去のもの。しかも、SNSによって仲間や情報を見つけたり、共有したりもできる。私たちは、恵まれた時代に60代を迎えるんだってしみじみ思います。

そんな新しい時代に60代を楽しんでいくために、ちょっとした準備が必要だと私は思っています。

それは、自分自身の中身の整理。私ってものをいったん棚卸しして整えていくこと、です。

自分が興味や関心があること、暮らし方や習慣、趣味や交友関係など、いろんなものを再点検して、これからの自分に必要だな大事だなと思ったものは深めてみたり、新たに取り入れてみる。逆に、古くなったり合わなくなったものはリリースする。

60歳前後は、肌や体や健康、そして、考え方や生活にも、大きな変化が訪れます。年齢に合った価値観や基準にシフトチェンジするのにちょうどいい時期だと思いませんか?

私は数年前からこの整えるって作業をはじめていて、新しい趣味や美容や健康のための習慣を取り入れたり、実は飽きていたり疲れてしまうものは一旦やめてみたり、私なりに試行錯誤しています。

その作業を通じてわかったことですが、60歳前後ってまだまだやり直しがきくんです。「これがいいかな」ってチャレンジしてみて、それほどうまくいかない場合もありますが、そんなときも意外とダメージは少ない。この年になってチャレンジするなんて、とか、失敗すると怖いし、って思いがちだけど、60歳はまだ失敗を恐れなくていいのです。それどころか、年の功でそれを肥やしにしていける世代なんだって実感してます。

ジャーンプ！

ひとりの時間は孤独じゃなくて「宝物」

私は広島県の高校を卒業し、ヘアメイクアップアーティストを目指して上京したときから今までずっと、ひとりぐらしをしています。もう40年以上！寂しい……と思ったことはもちろんありますが、ひとりを楽しみ、ひとりを満喫してきました。なんでも自分で考え、自分で決めて、やってきた。好きなことや楽しいことにチャレンジするポジティブなことはもちろんですし、逆に体調やメンタルの不調や家の内外でのトラブルのようなネガティブなことについても当然、自分で考えて、選んで、決めてきました。

ひとりの時間は、自分の考えや自分らしい感性を強く育て、客観的に自分を見ることができるような気がしています。そうやって自分の考えがクリアになってくると、自分の好きなもの、得意なこと、人に喜ばれること、心落ち着くことに敏感になるんです。

「ひとり＝孤独」ではなく、「ひとり＝自分の好きや得意が見つかりやすくなる」。私が多趣味で、あちこちに趣味の仲間がいるのも、ひとりの時間を満喫しているからかもしれません。

60歳という年齢は、子育てから解放されたり仕事から離れたり、気がつけば周りに誰もいなくなって、「私は孤独なんじゃないか……」って不安に思う時もあるかも。でも、ネガティブな孤独なんかじゃなく、自分の「好き」にもう一度向き合えるとも捉えられるじゃないですか。私も、これから改めて、自分の好きなもの、得意なことを探すひとりの時間をたいせつにしていきたいと思っています。

60代をワクワクした気持ちで、「ひとり」を楽しむことができれば、自分の好きや得意への感度が高まり、外の世界への興味や関心も湧いてくる。

私は年を重ねて人との付き合い方が変わってきました。全部が誰かと一緒でなくて大丈夫。気の合う仲間と過ごすのは楽しいけど、ひとりの時間も好き、でなくてはならない。自分だけの好きにできる時間や空間が必要だな、と。

ひとりの時間を不安に思うのではなく、逆に、ひとりの時間は自分の世界を広げていくための地ならしの時間。いい地ならしをするために、心が安定するようなひとり時間を持ちたいと思うのです。

「これが好き」で生きていいよね

毎日を前向きに、ひとりの時間を楽しい時間にしていくためには、本当の自分、今の自分を改めて知っておく。60歳前後は体も心も大きく変わってきます。だから、ここで自分の中身を整えることが必要だと思うんです。

何が好き?
何が得意?
何をすると喜ばれる?
何をすると心が落ち着く?

今までは、仕事や社会の中で、また家族との関係の中で、自分の好きや得意とは関係なく、いろいろなことに追われていたかもしれません。でも、そういうしがらみから少しずつ解放されていく60代は、経験から育ってきた自分の好きや得意を優先すればいい、と私は思っています。それを活かしてこそ、自分の「楽しい」に出会えるんだ、と。

必要とされていることや請われたことは全部やらないといけない、とか、苦手なことや不本意なことから逃げるのは無責任、とか、「ねばならない」の気持ちは一旦忘れて、本当の自分の声に耳を澄ませてみませんか？

悩んだりどうしていいかわからなくなった時、私は、頭に浮かんだことを付箋に書いてスケッチブックにはりつけていくんです。大きなことも些細なこともとりあえず全部書き出して、ならべてみる。そして、同じタイプのものをグループにしたり、重要度の高いものと低めのものに仕分けする。そうやって、心の中にあるものを〝見える化〟して整理してます。今まで時間を割いていたことが実はそれほど好きではなかったり、意識してなかったけど「意外とみんなに喜ばれているな」という気づきがあったり。

そんなふうにして出てきた、「好き」「得意」「喜ばれる」「落ち着く」の4つの要素が、60歳からのワクワクやキレイや幸せの元！　気分が高揚する趣味や習い事に挑戦するきっかけになったり、楽しく稼げる収入源が見つかったり、同じ趣味を持つ仲間と出会えたり。今は、「多様化の時代」で、「オタクの時代」です。自分の好きや得意に特化することで、いろんな可能性とネットワークが広がっていくんです。

逆に、この自分軸が曖昧だったり、過去の習慣や慣例に固執していたりすると、ちょっとツラいかも。何かしても楽しくない、人と会っても心がワクワクしない、好奇心がわかない、何をすればいいかわからない、ひとりで過ごす時間が退屈で孤独……。60代に陥りがちなこんな落ちこみも、自分に向き合って、自分を知ることで大丈夫。楽しめます！

ひとりぐらし歴40年の〝ゆる〜い〟ルール

ひとりぐらし歴40年以上の私が、自分を整えるためにひとりの時間をどう楽しんでいるか、ちょっとお話ししましょう。

それは「いちおうルールをつくる」というか「つくってみる」です。いちおうがミソ。ざっと言うと、部屋の片づけはきちんと整えてるところとゴチャッとしても大丈夫なところを分けている。昔はきちんと整とんされた部屋が好きで頑張っていたけど、これが面倒になってきた。

今は、きちんとしたいところだけしてればいいってゆるくなっています。

基本、人目にふれるところはきちんとする。ふれないところは気にしない。玄関、水まわり、第8章でもお話しする室礼（しつらい）をするところ、インスタライブをするところ。ここはきれいにするようにしています。

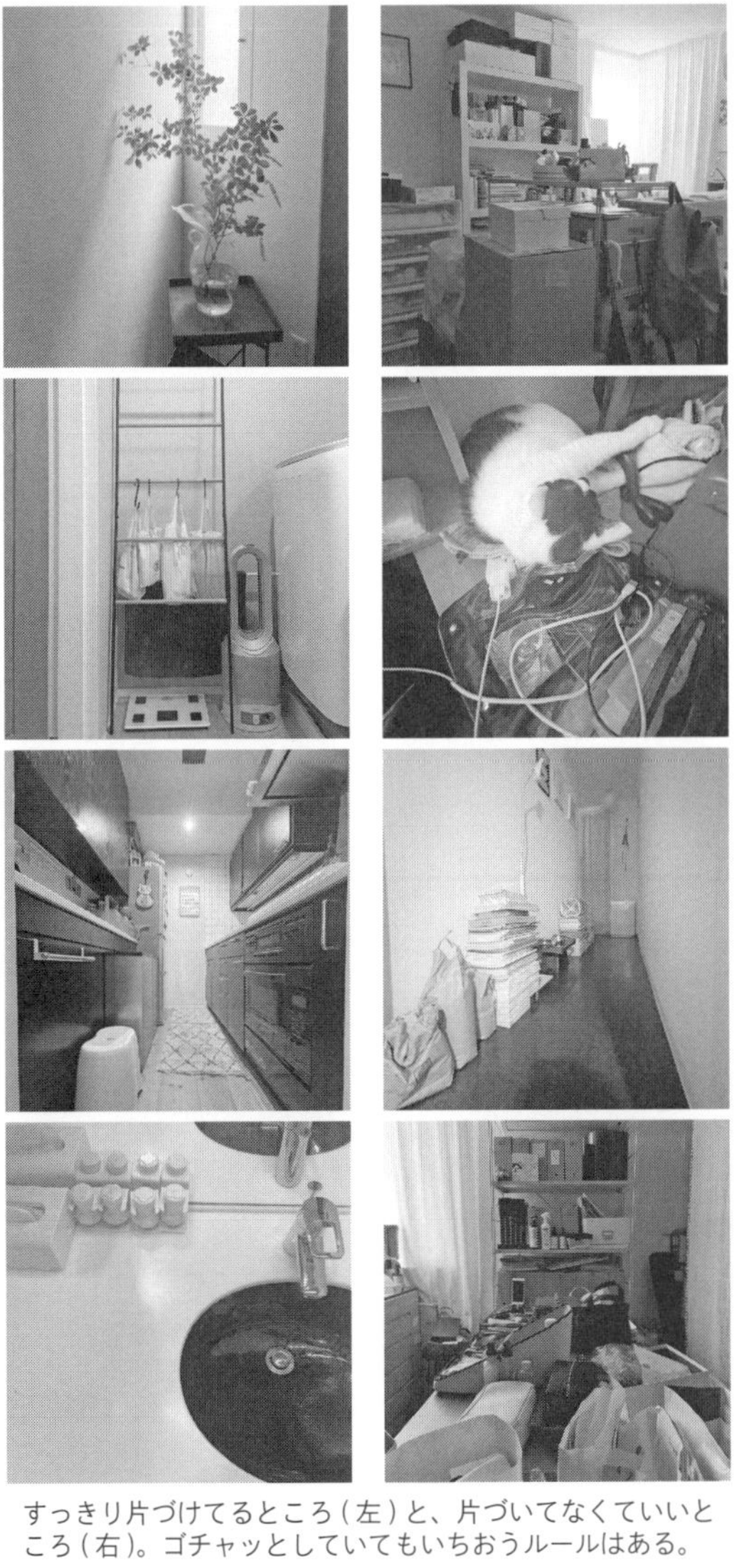

すっきり片づけてるところ（左）と、片づいてなくていいところ（右）。ゴチャッとしていてもいちおうルールはある。

家事のルールも〝いちおう〟決めています。「土曜日はシーツ類を洗濯する」「新月の日には歯ブラシと洗顔のタオルを替える」「20日はシャワーのカートリッジを交換する」みたいな感じです。快適な状態をキープできるのはもちろん、ひとりぐらしの中にリズムをつくれるのもいいんです。こちらもいちおう。ちゃんとできなくても自分をせめたりしない。「まっいいか」と思ってね。

そして、家でごはんを食べるときはひとりであっても、お気に入りの器をコーディネートしていただきます。残り物や買ってきたお惣菜でも、器にいったん盛る。ちょっとおままごとみ

器次第で目にも美味しくなるのです。

たいな感覚で楽しんでいます。ひとりでお茶を飲むときも茶器にこだわったりして、自分を楽しませてます。

素敵な人のインタビューやエッセイを読んで感じるのですが、きちんとした作法や姿勢でひとりの時間を楽しむことが、その人の雰囲気をつくっている気がします。ひとり時間の質感みたいなものが、その人のふだんの佇まいに滲み出ることとって確実にある。だから、私も〝おままごとセッティング〟を楽しんでます。

ひとりの時間を、ただなんとなく過ごすのではなく、〝ごっこ遊び〟のように、テーマや筋書き、設えや道具などにこだわってみる。〝なんとなく〟だった時間にストーリーが生まれて、ひとりの時間をもっと楽しむことができますよ。

「美しい＝若い」じゃない

信じたほうが得！

60歳以降もキレイでいるために何をすればいいか、この後の章からお話ししていきますが、その前に心に留めておいていただきたいのが、「美しい＝若い」ではないこと。歳を重ねて肌も体も変わってきます。ハリやツヤがなくなって肌色もくすんできた肌はまるでドライフルーツのようだし、体も動かしづらさや痛み、慢性的な不調を感じることも増えていくでしょう。

でもそんなときこそ、自分を認めて、愛して、慈しんであげたい。〝エイジング〟のスピードは緩められても〝エイジング〟自体は止められないし、持って生まれたものは変えられません。でも、そこで自分を嫌いになったり、否定したりすると、そこから先に楽しいことやワクワクすることは決してないと思うんです。

だからまずは自分を認めて、そこからできることを考えてみる。見て見ないふりではなく、自分が心地よくいられる方法について調べてみたり試してみたり。例えばスキンケアにしても、毎日のケアで丁寧に自分の肌に接してあげることで、肌だけじゃなく心も整っていくこともあると思うんです。

自分をケアしたり慈しむことは、時間も手間もお金もかかり、「今さら」って面倒くさく感じるかもしれない。でもそれをおもしろがってみる。家族や会社、ほかの人のために生きる時間が多かった人も、今まで誰かのために使っていた気持ちを自分に向けて、丁寧に愛情深く向き合っていく。そういう考え方のシフトが、前向きに生きていくために大事かなと思います。

自分というキャラを作るとラクになる

自分を認めてあげて、愛したり慈しんだりしていると、なんとなく自分の良さや個性がわかってきます。もちろん欠点も一緒にね。そこで見つけた、自分っていう〝素材〟を自分でプロデュースしていくんです。「自己プロデュースなんて」って思うかもしれないけれど、とりあえず、やってみて。

私も自分というキャラができてから、生きるのがラクになったから。試行錯誤を重ねたけど、必要なのは「客観的に自分を見る」これでした！

かつては、〝素敵な大人の女性〟っていったら、ベージュトーンの服をさらっと着こなして、シミやシワさえ魅力になってるイタリアンマダム……なんて憧れてたときもありました。でも、自分の体形や顔立ち、ライフスタイルを考えると、現実的じゃないと気づいたのです。

やっぱり自分のキャラを活かすしかない！　なら自分のいい所を見つけるしかないんだって。自分という軸で、いろんな髪形に挑戦したり、いろんな色やデザインの服を楽しむようになったんです。もちろん周囲の意見も聞きながらね。私、黒柳徹子さんみたいでいたいと思ってます。徹子さんみたいに好奇心を持って行動して。おもしろがって生きていく、ってキャラを決めたので、これからも迷わず楽しもうと思います。

小さなクヨクヨを消す私のコツ

自分のキャラをつくるためには、自分を客観的に俯瞰で見ることが必要だとお話ししました。この「客観視」っていうのが、自分を知るためだけじゃなく、いろいろな課題解決になると思っています。

年を取るほど、思い込みって強くなりますよね。思い込みからの失敗は日常茶飯事。待ち合わせの場所や時間を勝手に思い込んで失敗するとか、やったつもり、置いたつもり……つもりが多すぎる。「確認する、メモをとる」ってそのたびに反省するんですけどね。難しい……。

自分に対する思い込みというのも多いですよね。〝〇〇は絶対に似合わない〟って思い込んでいたけれど、着てみたら案外似合ってた、とかありませんか⁉　思い込みで、自分の可能性を狭めていたり、必要ないことを悩んだりするのって、時間のムダ、人生のムダ！　それでなくても視野が狭くなってるからね。意識して「客観的に見る」が必要だと思ってます。

自分の視点だけではなくいろんな立場に立ってものを見たり、大きな時間の流れの中でものごとを捉えている人は、小さなことでクヨクヨしない、ポジティブです。冷静にものごとに対処できるからでしょうね。憧れます。

私も、小さなことでクヨクヨしちゃうこともしょっちゅうですが、「客観視」と自分に呪文のように言い聞かせて、乗り越えているんですよ。

60歳からは自分にやさしく

自分を整えていく作業として、次にやりたいのは、〝あきらめること〟や〝誰かに頼ること〟を見極めていく。50代を経て実感しているのは、無理しちゃいけない、過信しちゃいけないっていうことです。

私、けっこう無理がきいたりするんですが、やっぱりその後必ずダメージがくる。年齢って正直ですね。「もう今までとは違うんだ」って痛感すること……ほんと多いです。そんなイタい経験をもとにして、ちょっとずつ、「私はここまで」「これ以上やると後でたいへんなことになる」っていう予測がつくようになってきました。

例えば、仕事や予定、食事、運動、人との付き合い。今までだったらできたんだから、と少しキツイかなと思っても、「できる！」ってやっていたんです。が、やっぱり無理。自分にできる範囲でがんばる。それが結局、自分のためってだけでなく、周囲のためでもあるんですよね。

で、できないところは、私はもうとにかく甘えられるところは周りに甘えています。無理してやらずに、それができる人がいればお願いする。人に頼ったり甘えたりっていうことをどんどんやっていく。そのかわり、自分にできることや得意なことは快くする。そんなふうに、好きや得意をシェアし合う。シェアし合うことは、感謝する気持ちをベースにしたコミュニケーションなのだと。これって〝今ドキ〟ですよね。

あともうひとつ、プロに頼るっていうのも賢い手段だと思います。キレイをつくる美容やファッションについてはとくにオススメです。もちろんコスパが合うのが条件ですけどね。
「どうしても眉がうまく描けません」という人は、眉サロンに行ったりアートメイクを入れたり、プロの手を借りて日々の眉メイクのわずらわしさから解放されればいい。おしゃれが苦手なら、自分に合ったコーディネートを提案してくれるパーソナルスタイリストにお願いしてみるという手もある。だって何十年やっても苦手だったのだから、そこに時間をさくのももったいない。

無理して全部ひとりでがんばらなくていい。自分の力量を見極めて、できないことはそれが得意な人やできる人に甘えたり頼ったり。60歳からは自分にやさしく生きてよいと思うのです。

猫との生活で ひとりぐらしに生まれた変化

40年以上ひとりぐらしをしている私ですが、ここ20年くらいは猫と一緒です。ひとりぐらしの半分は猫と一緒。

飼っている猫を、我が子のように話す人もいますが、私の場合は人付き合いと同じように、猫たちともべったりした関係ではなくて、強いて言えば、親戚のおばさんと姪っ子甥っ子みたいな関係かな。

私のひとりぐらしに、猫たちはなくてならない存在です。日々猫たちに楽しませてもらってます。猫と暮らしはじめたきっかけは、30代の頃です。

フリーのヘアメイクアップアーティストとして活動しはじめた私は、まさにブルドーザーみたいに仕事をしまくっていました。雑誌や広告の仕事をたくさんいただいて、打ち合わせや撮影がめいっぱい入っている毎日。化粧品の新作発表会や取材、いろんな人たちとのお付き合いもたくさん入ってくる。多種多様な刺激と緊張をシャワーのように浴びて、それでますますエネルギーチャージされて、仕事に対してどんどん貪欲になっていた時期でした。

でも凄まじい量の仕事をこなす中で、体は疲弊し、人に対してのやさしさや寛容さに欠ける人間になってしまってた。

「私にはやさしさがない、人間としてダメだ」って自分に絶望してしまうことが何度もありました。ひとりでくらすっていうことは、自分を認めてあげる気持ちが必要です。「自分なんてダメだ」「好きじゃない」って思ってしまったらおしまいです。だって、自分しかいないんですから。自分に対してネガティブに考えてしまい、孤独に陥って……。少々オーバーなようですが、そんな危機的な状況に陥っていたんです。仕事のチャレンジもしたいけど、自分の中にやさしさやあたたかさを取り戻したいって気持ちがすごく強くなってたんです。

で、あるときふと気づいたんです。「私の周りのやさしい人は、みんな猫を飼ってる」って。

公園にいた捨て猫を引き取って飼いはじめた人や、保護猫施設から猫を譲渡された人……、たまたままわりにそんな友人達がいたんです。みんな自分の仕事をきちんとやりながらも、やさしくてあたたかい気持ちを持った、信頼できる人たちだった。そんな人たちを見て、本当に短絡的で恥ずかしいんですが、「猫を飼おう。そしたら、やさしい人になれるんじゃないかな」って。

でも、私は、もともと動物が大の苦手だったから、思いきり迷いました。猫を飼うということは命を預かること。ごはんを食べさせて、トイレのお世話もして、健康管理もしなくてはいけない。動物が苦手な私ができるだろうか？　命を預かる覚悟があるのか？　と。

1年間、自問自答しながら悩み続けて、ようやくある日、決心できた。それで、猫を飼おうって。道歩いてるときもどこかに野良ちゃんいないかなって探すようになったんだけど、全然出会えない。今考えれば、そうそういないですよね。「私はダメ人間だから、猫にも出会えないのか」と諦めかけていた時に友人から、近くの動物病院で引き取り手を探している子猫がいるよって情報が。すぐに駆けつけ、その子猫を引き取ることになりました。その子が、うちの初代猫・そっくす、そっ君です。

初めの頃は、私、そっ君を触ったあとは必ずすぐに石鹸で手を洗ったり、そっ君の毛が少しでも服についたら、コロコロで取るくらい、及び腰だったんです。

ところが、そっ君が来て1か月もしないうちに、そっ君のちっちゃい頭を自分の口の中に入れちゃいたいくらいに、それこそ自然に猫可愛がりするようになって。自分でも驚くほど気持ちが変わり、ひとりぐらしの生活も変わっていった。

朝起きてごはんをあげたり、トイレの世話をしたり、私がいないと生きていけない猫との生活が始まって、気ままに自由に、自分の思うように生きてきた私の生活に、ちょっとだけ不自由な、言ってみれば足枷みたいな責任感ができたんです。それが、不思議なことに、私の生活にすごくい

埼玉生まれの元ヤンれぇこ（左）と、甘えん坊王子のもへじ（右）。

いバランスを作ってくれて、私の心も整っていった。何より、モフモフ温かい存在がいつもそばにあると、無条件に心が柔らかくなるんですよね。

そっ君以降、もうずっと、猫と一緒にくらしています。今は、れぇこともへじという2匹の保護猫たち。愛しいです。といっても、昔も今も、猫がいることに縛られず、仕事や旅行場所へはどんどん出かけていってます。そうできるのも助けてくれる人がなぜだかいつも近くにいてくれるから。感謝です！　というわけで、猫たちと持ちつ持たれつフィフティフィフティのいい関係になれてると思います。彼らを守ったり面倒を見る責任感という意識が、ひとりぐらしの私の生活に、気持ちの安定とハリという、いいスパイスをくれ、楽しませてくれているのです。

第2章
体
からだ

健康と元気をつくるヒント

良い眠りは考えすぎず自分流

睡眠ブームです。〝睡眠の質が向上する〟とうたう商品がよく売れてるそうです。私もたくさん試しています。良い眠りがパフォーマンスをあげるというのはほんとうだと思うから。

〝規則正しい生活がいい〟というのは重々承知だけど、それがなかなかできない。日付が変わるまでに寝ようと思っているけど、夜、ひとりでやりたいことやりながら過ごすのが好き。美肌のための22時〜深夜2時のゴールデンタイム、活かせていません。

短い睡眠時間でバリバリ働いてる友人がいますが、寝つきがいい。私は寝つき悪くユラユラって浅めの眠りなのです。そこで、私なりにパフォーマンスをあげたいと、寝具にこだわってます。

まず、パジャマは体の疲労を軽減するというもの。ベッドは呼吸しやすい角度に動いてくれます。マットは点で支え安定した寝姿勢が保てるタイプのもの。枕はアレコレ試していますが、いまだ見つからず……。シーツ類は麻。肌触りが気持ちよく、夏涼しく冬暖かい。麻は古来から邪気を払うとされる素材ってとこもいい。環境は整えています。

お風呂から上がって寝る態勢が整ったら、軽くストレッチ。それでも眠れない時は、「3・6・9呼吸法」をやります。3つ数えながら吸って、6つ息を止めて、ゆっくり9つで吐く。この呼吸法を10～20回くらい。自律神経を整えて、疲労回復を促す作用があるそうです。呼吸でもダメな時は、スマホのボイスメモに録音してる占い師さんの声を聞きながら目を閉じてるとスムーズに眠れます。もちろんポジティブな内容の鑑定に限りますが、「あー、そうだったなぁ。そうだよね、私」って安心感の中、眠りにつくことができるんです。変かなあ。

ちなみに、夜寝る時間はまちまちですが、朝はなるべく同じ時間に起きる。7時15分からNHK BSで昔の朝ドラ再放送からの、今やってる朝ドラを見る。

早朝から目が覚めちゃう、ってのは残念ながらないけど、私なりでいいよね、とあんまり悩まなくなりました。そして時々早起きして「三文の徳」を楽しんでます。

寝ている間に疲労を軽減するといわれる「TENTIAL」のパジャマ。

手指・足指の〝ながらストレッチ〟

モノを落としたりつまずいたり……がホント増えました。昨日もうっかりコップ落として割っちゃった。とくに、手指と足指。若い頃のようには動かない。肌だけでなく血流は健康の要！　と実感すること多々あり、血流をよくする手指や足指のマッサージやストレッチを心がけています。曲げて伸ばして引っ張って、末端の血の巡りをよくする。ながらでやってます。

例えば、ハンドクリームをつける時。ちょっと指を引っ張ったり関節をマッサージするような塗り方をしているんです。ストレッチとまでもいえないようなごく簡単なことですが、日々のコツコツ、小さな積み重ね。エイジングによる、指の変形などに効果あるかも、と期待して続けています。手首の痛みも感じるようになってきたので、手首を曲げて伸ばして、のハンドストレッチをやってみたり。

そして、足指をグーチョキパーと動かすストレッチ。以前、足の病院で教えてもらった方法です。グーは足指全体をギュッと丸め込んでこぶしにする、チョキは足の親指と人差し指をV字に開く、パーは足指全体を広げて。単純なのにこれがなかなか難しい。でも続けて、スムーズにできるようになりました。気がついた時、グー、チョキ、パーってやってます。

当たり前のことが上手くできなくて情けないな、ってなるとこも、おもしろがればいいんです。自分を責めすぎないことも必要ですよね。

足の疲れはその日のうちに解消！

30代半ばからいろいろなトレーニングを続けていた私ですが、50代になると更年期の影響だと思いますが、また、すごく疲れるようになってきたんです。自分なりに生活や疲れ具合を観察してみてわかったのが、その疲れは、「足に溜まってる疲れや冷えが原因」のようだと。そこからさらに、足のケアを意識するようになりました。

「その日の足の疲れは、その日のうちに取る」をモットーにしております。

とくに効果テキメンなのは足湯。バケツに熱めのお湯と入浴剤を入れ、足をつける。スマホ見たり、ドラマ見たり、冷めたら足し湯をしながら、足を〝湯煎〟します。体がぽかぽか温まってきて、血流がよくなり足が軽くなる。足湯後にはオイルを塗って保湿します。私たち、ドライフルーツですから。

レッグウォーマーも年中愛用してます。足を冷やさず疲れを残さないのが、体全体の疲れを溜めないポイントだなぁと。

そして、アスリートたちも運動後のケアに使うハンディガン。コンパクト

ピンポイントで振動して筋肉を刺激。アタッチメントを替えれば顔にも頭にも使えます。（エクサガン ハイパー／ドクターエア）

サイズのものが出て、愛用しています。これね、足だけでなく、腰、肩、アタッチメントを替えれば顔にも使えて。旅にも持って行ってます。足が疲れてなければ気分良く歩けるから、積極的に歩く。この〝鍛える＆癒す〟の二刀流が足に良いようです。

足を温めるだけで全身ぽかぽか。

オールシーズン、愛用しているレッグウォーマー。

ほっておくと危険！60歳からの目と歯

機能も見た目もエイジングが強く現れるのが目元と口元です。美容面でいうと、50代の時は目元だったけど、60歳からは口元にエイジングが強く現れます。お気づきだと思いますが、マリオネットライン……。この口角からの下降線があるだけで、ぐっとエイジングを感じさせちゃう。唇が萎んで薄く存在感がなくなり……って外側だけでなく、内側でも、歯の黄ばみ、歯茎が下がる、口臭、など健康面にも影響する問題が出てきます。40歳の頃、歯科矯正専門医のDr.ＹＡＳＵＹＯ（青山高橋矯正歯科医院院長）に正しい歯の磨き方を教わり、歯のツヤを取り戻してから、丁寧な歯磨きを続けています。口内も肌と同じく「落とす・保湿・血行」が必要なので、保湿と血行アップのために歯茎のマッサージに加え、クリニックで歯のクリーニングとホワイトニングもしています。

目は、ドライアイや老眼をはじめ、白内障、緑内障など、エイジングによる目のトラブルが起こってくるから、気をつけなきゃと思いつつ、SNSなどで酷使しちゃってる。

昨年、視界に飛蚊症（ひぶんしょう）の症状が出て。

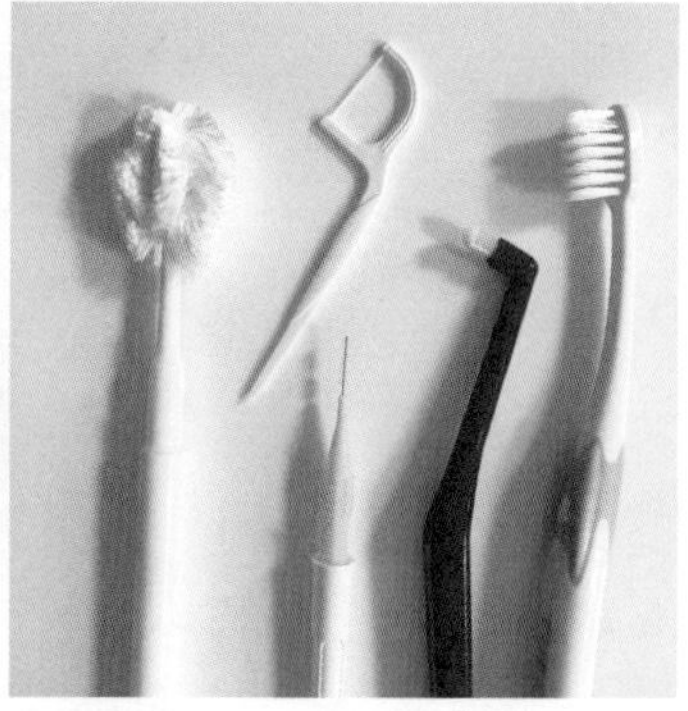

夜の歯磨きは鏡を見ながら15分間。こだわりの歯磨きペーストいろいろを使い分けてます。

老化現象のひとつかな、なんて呑気に考えていたんだけど、検査したら網膜剥離になりかけててびっくり！　すぐに治療して大事に至らなかったものの、痛みがないと見逃しちゃうから要注意。

もうね、日々いたわらなきゃ。基本は温める。足と同じく、その日の疲れはその日のうちにケアしたい。なので温める。血行アップし疲れが取れるのだからね。温めたあとはアイクリームで目元に〝追い保湿〟もぜひ。

美味しく食事が楽しめる歯、美しいものや楽しいことを見られる目。日々のちょっとした積み重ねで大きく違ってくる、見た目だけではない口元、目元の健康、大事です。

第3章 食 しょく

健康と元気をつくるヒント

奔放な食生活をシンプルに変える

食べものの好き嫌いはありません。なんでも美味しく食べてます。もともと、すごくたくさん食べられたから、好きなものを好きなだけ食べてきましたが、いけません。「人間は食べたものでできている」といわれますが、たしかに食への取り組み方で、なんとなくその人がわかる。私、奔放でした。思うがままにやっていると不具合が出てくる、食もしかり。今頃？ですが、今から気をつけています。

基本、外食より、自分で蒸す、茹でる、焼くで調理したシンプルな食事が好み。だけど、お腹いっぱい食べてました。食事とれない時はお菓子で空腹を満たしてた、のもいけませんでした。当然、いろいろ不具合が出てきて……。

60歳からは体をつくり、エネルギーになるたんぱく質が大事です。調子を整えてくれる野菜はもちろんですが、卵、肉、魚、豆を意識して食べてます。サプリだけに頼ったり栄養素しか考えない食事はつまらないから、彩りよく器に盛りつけ、美味しくいただきます。

ちなみに、卵はちょっと高いものを選びます。ほかに、良質なごま油やアマニオイル、アーモンドを毎日少しずつ。これで食べ過ぎないように気をつければ調子いい。

時々、ハメを外して後悔することもまだまだあるけれど、食を長く楽しみたいから、ちょっとずつ気をつけてます。

基本の調味料はちょっとこだわる

味噌作ってます。梅干しやらっきょうも漬けてます。

友人で料理家の荒木典子さんに教わってやってます。といっても、下準備してもらってるから、たいしたことやってませんが、私なりに手塩にかけているからとても美味しい。シンプルな味わいの中に奥深いうまみがあるんです。添加物を使っていないから安心ですしね。

発酵食品は、私たち世代はぜひ積極的に摂りたい食材。抗酸化物質が含まれ、腸内フローラを理想的な状態に整えてくれるときいたので、心がけて食べるようにしています。味噌とか納豆とか、ぬか漬け、甘酒。甘酒は砂糖がわりに料理に使います。

中でも味噌は、懐の深い食材ですね。どんな具材でも美味しい味噌汁にしてくれる。具沢山にすればおかずにもなる。料理するのが面倒な時にも具がたっぷりの温かい味噌汁があれば、お腹も心も満足。味噌はそのままでもいいけど、チーズとか乳製品と相性がいいので混ぜてディップにしたり、塗って焼くのもあり。

市販のインスタント味噌汁

いつも使いの調味料。あれば小さいサイズを選びます。

もクオリティ高く美味しいけど、味噌にパックの鰹節を加えお湯を注ぐだけで美味しい味噌汁になるってご存知ですか？　鰹節のかわりに納豆ならW発酵食に。手早く簡単で、美味しくできるから朝食に食べてます。

私がふだん作る料理はシンプル。基本、蒸す、茹でる、焼くってだけなので調味料にこだわってます。きっかけは、国産オーガニックコスメの先駆者「アムリターラ」。健康的で美しく過ごすために、外からも中からもが大事、とこだわりの食材や調味料も作っていて、ホントに美味しい。「グランドフードホール」の岩城紀子さんの著書も参考にしてます。

シンプルな調理は調味料しだいで美味しくなるんですよね。食事にものすごく気をつけているわけではないけど、スキンケアやヘアケア同様、コツコツと楽しみながら「土台」の部分を整えたいと思ってます。

いろんな不調にまずは水

田中みな実さんは毎日水を3リットル飲むそうで、「外側から化粧水を与えるのも大事だけど、内側から水分を満たすのもとっても大事」と。昔から、美しい人たちは皆、大量の水を飲んでる、と公言していらっしゃる。でもね、私はそんなに水を飲めません。飲めないから、美人になるのあきらめます……と、でもそれだけじゃすまない事実があると知りました。

高齢者は喉の渇きを感じにくいから水を飲まなくて、気づかないうちに、脱水症状になっていることが多いそう。たしかに、亡くなった母も水を飲みたがりませんでした。「喉が乾いたな」って思う時点で、すでに脱水症状の入り口にいるとも言われるし、先手先手で水をこまめに飲むこと、必要です。

体の水分不足は疲労感や頭痛、便秘の原因にもなるし、当然肌の乾燥にもつながります。代謝が悪くなって巡りが鈍る。こまめな水分補給で、積極的に体の中の老廃物を流す必要があるんです。わかった、水分とる！でもその水分は、真水がいいそ

うです。お茶などでとった水分は、体に吸収するのに余分なエネルギーが必要。なので、真水が負担ないのだと。

なるほど、水！　と思っても、軟水、硬水、含まれている成分などでたくさん種類があります。飲み比べると微かですが水にも味があるんですよね。私は口当たり柔らかく微かに甘さを感じる水が好みです。

さすがに3リットルは飲めませんが、なるたけ水を飲むようにしています。

1年ほど前から飲んでいるシリカ水。この水でお米炊くと美味しいんです。（のむシリカ／Qvou）

得意料理、3つあります

うちにみんなが集まったり、誰かの家に遊びに行く時に、私がふるまう三大得意料理。それは、「手羽先の海水焼き」と「シュウマイ」と「コーヒーゼリー」。食べた人全員が「美味しい！」って大好評の私の鉄板料理です。

何といっても3つとも、簡単で、美味しくて、見栄えよくて、失敗がない！

「手羽先の海水焼き」は、料理家の小平泰子さんがインスタグラムでお母様と作ってたのを見て。騙されてる？　ってくらい簡単だったのですぐ作ってみたレシピです。

鶏の手羽先肉を海水濃度（3～4％）の塩水に浸けてから焼くだけ。冷凍庫の中で忘れてたような上等じゃない肉でも、めっちゃジューシーで、「本当に塩だけ？」っていうくらい旨味がジュワーッてあふれて美味しい！　とある仲良しの女優さん家でも定番料理になっています。

「シュウマイ」は、友人宅で食べた手作りのシュウマイが美味しくて、いろんな料理家さんのレシピを試してみた結果、豚肉と玉ねぎたっぷりのシンプルな土井善晴さんのレシピが一番好みでした。私の周りでは、このシュウマイがきっかけで、〝マイせいろ〟を買った友人多数。

「コーヒーゼリー」は、雑誌で足付きの素敵なグラスのコーヒーゼリーの写真を見て。火を使わずインスタントコーヒーで作れるという簡単なレシピだったんです。形から入るタイプなので、足付きのグラスをまず買ってから作ってみた。こだわりは、ちょっと良いインスタントコーヒーときび糖を使うこと。トッピングはアイスクリームとアーモンドミルクと練乳で、飲むよ

失敗なしのコーヒーゼリー（上）、手羽先の海水焼き（右下）、シュウマイ（左下）。

うに食べます。

レパートリーがたくさんなくても、私はこの3品あれば大丈夫。

ちなみに、たこ焼きも得意だけど、オタフクのたこ焼き用ミックス粉とソースのおかげなので、外しときました。

広島出身なのでソースは「オタフク」一択です。

第4章 肌（はだ）

きれいな人になるヒント

スキンケアの3本柱は「落とす」「保湿」「血行」

キレイな肌を保つためには日々のスキンケアが大切です。あたり前のようですが、リアル大人にとって、この積み重ねが最も効果が出せるんです。ちゃんとやっているつもりでも、思い込みや長年のクセで実はできてなかった……ってこと、ありがちです。だから60歳は、自分のスキンケアを改めて振り返り、見直してみるいいチャンスです。

私達にとってのスキンケアは「落とす」「保湿」「血行」。以前は「落とす」「保湿」「守る」と言ってましたが、巡りがいよいよ悪くなった60歳からは「守る」もだけど「血行」大事です！

まず、「落とす」。

「落とす」をちゃんとできてないというか、必要な人、多いです。エイジングで肌のターンオーバーが鈍くなります。きちんと落としたつもりでも肌の上に残り、皮膚をゴワつかせ、血行も悪くなるって悪循環を招く。これを解消するためには、メイクを落として洗顔、だけではダメなのです。

「落とす」ケアに加えて、「落とす」スペシャルケアが必要なんです。例えば、パック、マスク、ゴマージュ、ふきとりローションなどのアイテムを使う。美顔器やエステサロンでクレンジングするのもおすすめです。週に1回は、「落とす」スペシャルケアを、ぜひ！

私が長年通っている洗顔スキンケアのサロン『アローテ銀座』の伊藤真由美さんいわく「大人の鼻はほったらかしにしていると大きくなる。毎日ちゃんと鼻のアブラを出してあげてると鼻がスッキリなる」と。それを聞いて私もちゃんと洗ってたら、ホントに鼻先がスッとなりました！「落とす」ケア、効果あり。そして必要です。

次に「保湿」。

人間の体の半分は水分でできていると言われており、保湿はケアの基本。うるおいがある肌には上品なツヤが生まれ、それが清潔感やすこやかな印象を与えてくれます。ところが、若い頃はフレッシュで瑞々しかったのに、どんどん水分が減り、乾いてドライフルーツになっちゃうの……。だから、私たち「保湿」がとても大事！

乾燥から肌を守るのに、水と油の両方を使って保湿します。水分を与える化粧水と、油分を与える乳液やクリームに、ますます進化している美容液を、ぜひ、プラスしましょう。

美容液は、投資すべきアイテムです。美容成分の処方だけでなく、有効な成分を「必要なところへ確実に届ける」という新しいテクノロジーが加わり、効果をしっかり感じられる。実は私、美容液をちゃんと使うようになったのは55歳からですが、ホントすごいです！ 使わにゃソンでした。

ここで、ちゃんと保湿されているかのチェック方法を。ケアの後、手のひらを肌にくっつけてみて。その手を離したときに、肌が吸い付くならOK。充分潤いました。ただね、水分保持力が落ちたリアル大人の肌は乾きやすい。なので、日中でも時々、〝追い保湿〟をするといいですよ。

そして「血行」。

健康のために血流が大事というのは「体」の章でも言ってますが、お肌も同じ。筋肉やリンパの流れに沿ってスキンケアを行う、だけでなく、日常生活の中でしばしば血流改善のためのちょっとしたこと、例えば手や足の指を刺激したり、首、肩や腰をまわしたりとかするように心がけてます。

体や頭皮も血行をよくすれば、肌色がよくなるし、ターンオーバーも上手くいく。ただ、大人の肌はデリケートです。取り扱いはやさしくね。肌をさするだけで血行がよくなるんですよ。私はシルクブラシを使ったり、気がついた時に肌をナデナデ。オススメです。

そんなわけで、私が考案した「スチームON顔」は、血行アップを目的としたメソッドです。次に紹介しますね。

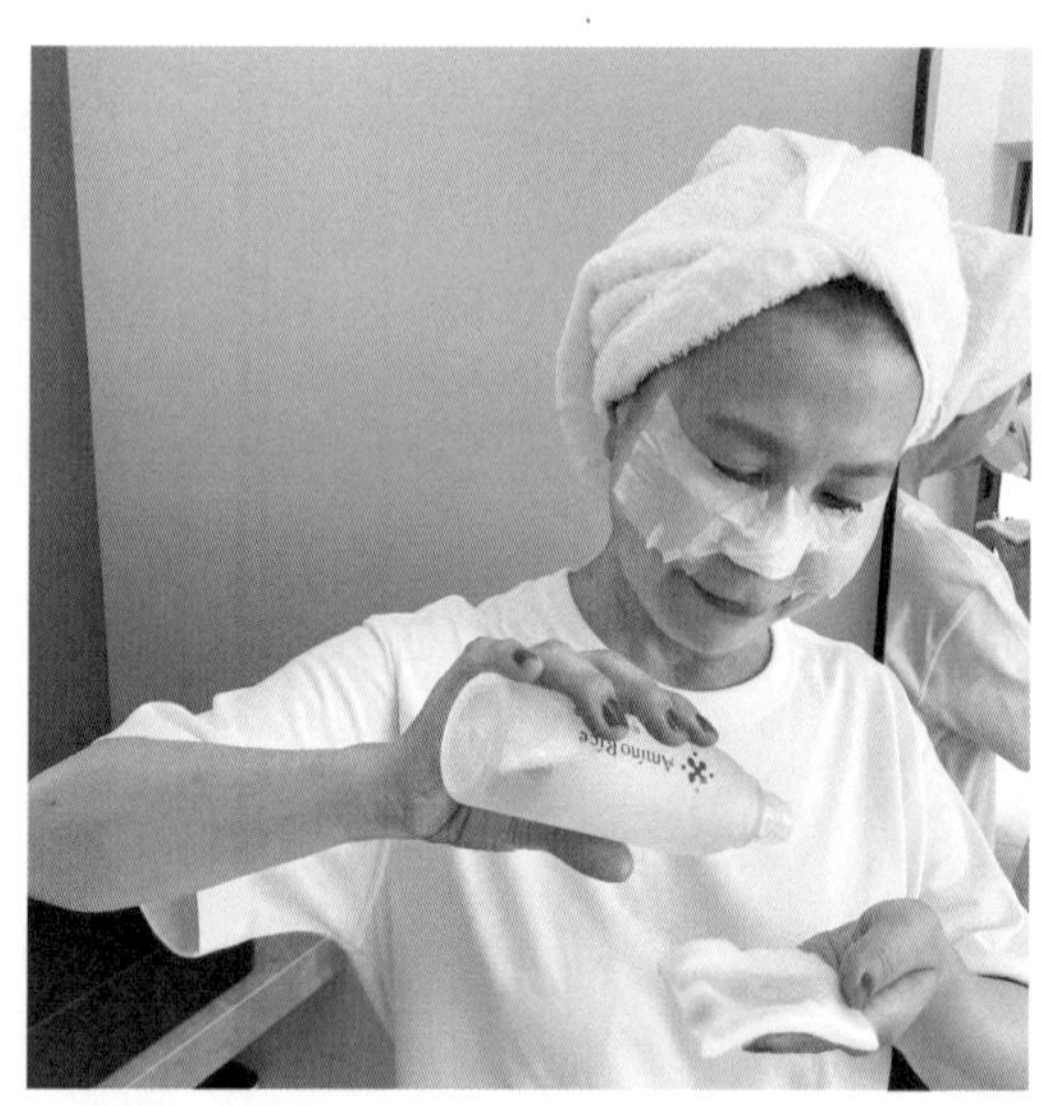

肌の乾きを感じた時は、コメ発酵液の高保湿ローションですぐにコットンマスクを。（アミノリセ ナチュラル モイストローション／福光屋）

美肌をつくる「スチームON顔」

薄く、乾いて刺激に弱くなってしまった肌のケアとして、ぜひ取り入れてほしいのが、私考案の「スチームON顔」です。

これは、手軽に簡単にいつものスキンケアを後押しする、一石三鳥のお手入れ法。また、朝に行えば、メイクののりやもちがぐんとよくなり、気持ちもアップ、とても効果的なケアなのです。

やり方は簡単です。蒸しタオルで顔を「温めて↓拭いて↓流す」だけ。

蒸しタオルは、タオルに少し熱めのお湯をかけて軽く絞ればOK。

さらに、ON顔後の温まって少し湿った肌に、少量のオイルをなじませると、いつものスキンケアがパワーアップ！

そもそも、これをはじめたきっかけは、朝、洗顔料を使わないでぬるま湯だけで洗うのがイマイチすっきりしなかったから。そこで、エステの時に使われる蒸しタオルを思い出し、簡単に気持ちよくさっぱりできるメソッドを考え、専用のタオルも作りました。

「スチームON顔」をすれば、お風呂上がりや、エステのあとのように、顔色がよくなり、柔らかく肌が整います。また、首、肩コリや目の疲れがあるときにも、この蒸しタオルで温めてみて。改善されますよ。眼精疲労に効果的と眼科医の大倉萬佐子先生（医療法人ウェルビジョン理事長）もおっしゃっておられます。

【スチームON顔のやり方】

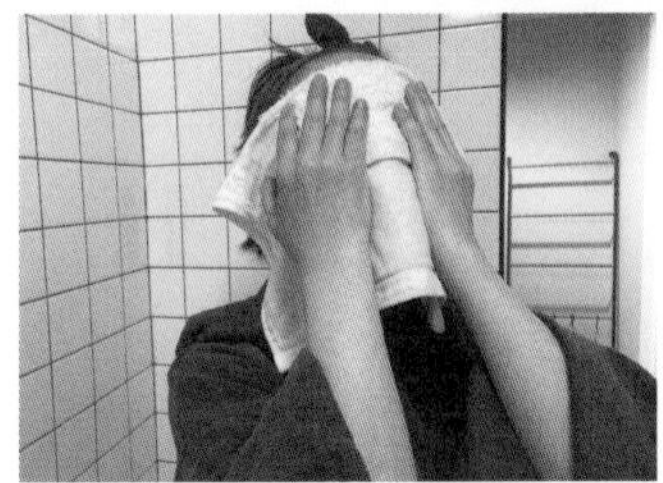

①

顔全体を蒸しタオルで覆い、手のひら全体で軽くおさえしっかり温める。もう一度蒸しタオルをつくりこれを二回くり返す。

②

タオルで目まわり、鼻、口元など皮脂や汚れが気になる部分をやさしく拭く。自分の肌は8000円の岡山の桃と思ってやさしく。

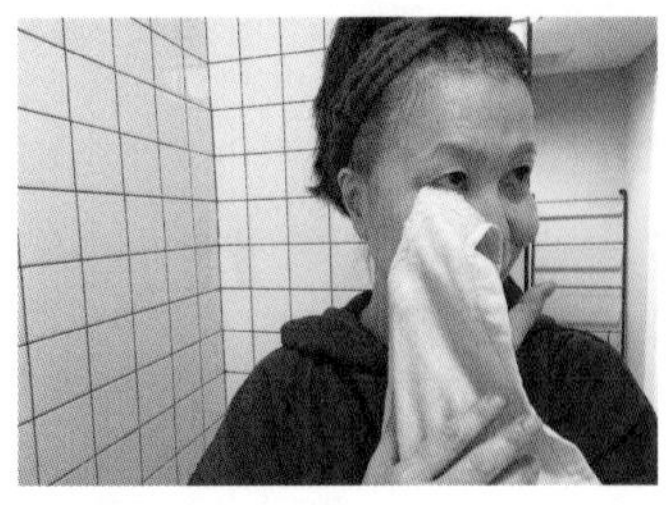

③

タオルを写真のように三角に折り、その両端で耳まわりを押したり拭いたり刺激する。耳の後ろに出る加齢臭予防にも。

④

タオルの面を使って、首からデコルテをリンパの流れに沿って拭いて流す。鎖骨の上下も刺激するとより効果的。

ドライフルーツ肌に とにかくオイル

私は、あらゆるところにオイルを使います。顔にも髪にも体にも、まずオイル。オイルがあればなんとかなる！　からなんです。

乾いて硬くなってごわついている大人のドライフルーツ肌に、オイルはとてもやさしい。お風呂上がりや「スチーム〇Ｎ顔」後など、肌が温まって、ちょっと湿っているときに使えば、なじみよく潤い、次に使うスキンケアの入りをよくする効果もあるからです。

また、オイルはツヤを与えてくれます。たとえシワやシミがあっても、肌にツヤがあると健康的に見えるんです。

ベタつくと思われてる人いらっしゃるかもしれませんが、現代のオイルはベタつかず、使いやすいです。

使うコツさえ守れば、オイルは本当に万能。ただし顔に使うオイルは、専用のもので、早く使いきるように。オイルの最大の敵は〝酸化〟ですから。

以前は足の裏が私、カチカチだったんです。角質が厚くなり、かかとを削りケアしてもすぐにも

「スチームON顔」の仕上げにオイルを一滴。国産原料の天然成分にこだわり非加熱圧搾で精製したツバキオイルにオタネニンジンを配合。（ブースターオイル／NEMOHAMO）

どっちゃう。マメやタコもあって小指の爪が黒くなってた。でも、お風呂上がりに足の裏や爪にオイルをつけるようにしたらよくなったんです。もちろんヒール靴をやめたことも影響してると思いますが、かかと、柔らかくなりましたもん。やっぱり、乾燥やごわつきにはオイルが効果的！　って実感しました。

ちなみに私は、旅に出る時はお手頃価格の顔用を全身に兼用使いしちゃってます。

オイルとローション2：8のベストバランスのオールインワン保湿液。飛行機に持ち込めるので旅にもオススメ。（オイルクラッシュハイドレーター／20NEO)

試したいオイルはここへ。テクスチャーや香りなど個性があっておもしろい。

外からも内からも
ビタミンCと発酵

ベーシックなスキンケアで好きな成分は、「ビタミンC」と「発酵」です。化粧品だけでなく、サプリや食事で取り入れている人も多いでしょう。

ビタミンCは、みなさんご存じのように、さまざまなスキンケア効果や免疫作用が期待できる成分です。よく知られているメラニンを抑えてシミやシワを少なくするとか、毛穴を引き締め、肌老化を遅らせる。また、鉄分の吸収を助けたり、ストレスを解消したり。ビタミン自体が体の機能を調整してくれるともいわれ、ビタミンCはとくに、人気の成分です。

もうひとつが発酵です。味噌や甘酒など、発酵食品はスキンケアアイテムでも生かされてます。発酵由来成分や発酵に注目した発酵コスメが大人気。ビタミンC、発酵どちらも昔からあったものに先端テクノロジーを融合させて作られており、高級なものからプチプラまで幅広くあるのもいいですよね。選べますから。

長年、魅力的な新製品を仕事でもたくさん試していますが、「ビタミンC」と「発酵」コスメは常にストック。私にとって信頼の成分なのです。

ビタミンCだけはサプリでも摂ってます。ビタミンDも配合され、さらなる美容効果に期待。(Lypo-C Vitamin C+D／SPIC)

試さなきゃソン！〝21世紀美容〟

大人は思い込みでソンをすることがある、っていう話を第1章でしました。実は、スキンケアもそうです。

前のページでは成分の話をしましたが、スキンケアに関するサイエンスやテクノロジーはすごい勢いで進化しています。仕事柄、毎日のように新しい美容情報を受け取りますが、今までの常識が覆ることもあるし、新しい発見や知見が次々発表されています。

もちろん、長年ずっと人気のもの（例えばアルビオンのスキコンとか、

SK-Ⅱフェイシャルトリートメントエッセンスなど）もありますが、新しい成分やその成分の届け方（効かせ方）の進化はおどろくほどです。つまり、慣れたものや見知ったものだけでなく、新しいモノ、コトを、試してみる価値があるのです。

実は私、以前は美顔器をあまり信用していませんでした。美容クリニックでのプチ整形やレーザー治療も、なんとなく敬遠していました。自分の肌でどこまでやれるか、化粧品の力を試したい！　という思いと、苦手意識と疑心暗鬼ってか、そこまでは……と思っていたんです。

が、考えが変わりました。せっかく今を生きてるんだから、どんどん進化している最先端の〝21世紀美容〟を試さなきゃソン！

そしてなにより自力での限界を実感しちゃったのも大きな理由です。

手始めに美顔器。ちゃんと使ってみたら、すぐに効果が実感できるじゃないですか！「テクノロジーの進化ってすごい」と素直に思え、楽しもうと。

そこからですね、ベーシックなスキンケアだけでなく、いろんなことをやってみよう。それをどんどん発信していこう！と。私が好きで得意な美容で、皆さんに喜んでいただけるのだから。これは使命だ！　と。

美容医療のほうはまだ少し先になりそうですが、美顔器は、とにかく使ってよかったです。キレイのモチベーションをぐんと引き上げてくれています。

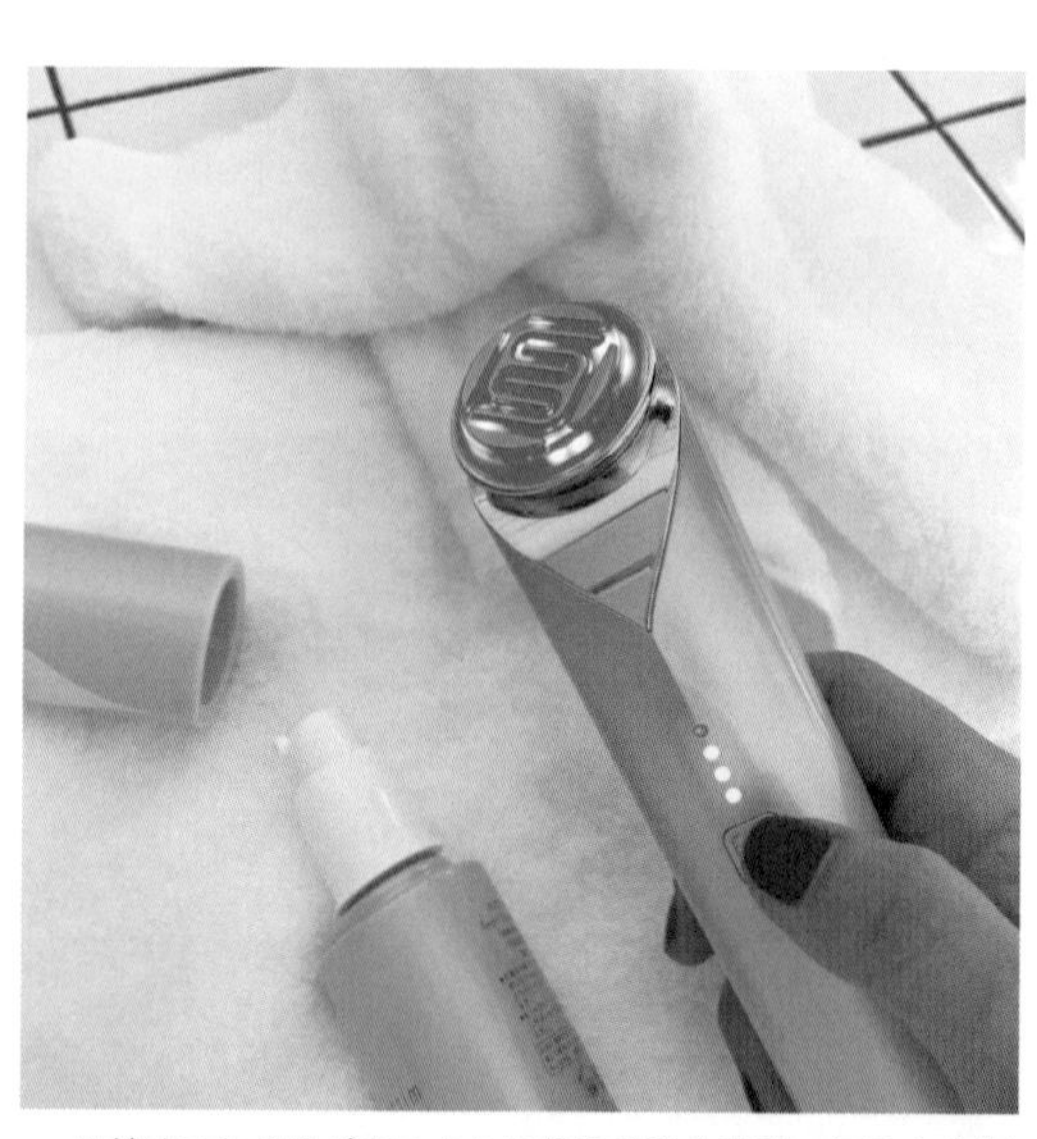

ハリだけでなく肌が明るくなる美肌効果を実感。毎日６分間、効果があるから続けてます。（ブライト ビューティー リフティング アクティベーター／エフェクティム）

耳と首は ケアするほどお得

やるとやらないとじゃ大違いのパーツが「耳」と「首、デコルテ」です。耳は足の裏にある反射区と同じく、全身に効くツボがいっぱいあります。また、耳のまわりには、動脈とリンパ節が集中していて、それらは脇の下や太ももにあるリンパ節より浅いところにあるから、押す、もむ、引っぱる、おりたたむ、さわる、だけで全身のケアが期待できる。つまり、耳をほぐせば頭や顔全体の血流がよくなるお得なパーツです。

また、耳を温めるとリラックス、安眠効果があるそうで、手軽に耳を温める製品もあります。「スチームON顔」（75P参照）のついでに、蒸しタオルで耳を温めるだけじゃなく、ちょいちょい耳を刺激してます。

そして、手と共に、年齢が出ちゃう首。重い頭を支えるには華奢で、顔のすぐ下なのにメイクもケアもしない。だから、シワが出るし、たるんじゃうし、太くもなります。

まずは、デコルテまで顔と同じケアをしてみて。続けて一緒にやればめんどうじゃないでしょ。

ガードする（守る）のも忘れずに。日焼け止めやボディパウダーをつけておくといいですよ。私はずっとやってます。

つまり、首からデコルテも「顔」、と心得てケアしましょう。

また、首イボを地味に悩んでる人多いです。首イボは、病院で相談、処置してもらうのがいいですよ。

ここまで、肌のお手入れや考え方について紹介してきました。目の下のたるみやマリオネットライン……。あちこち下がって、くすんで、たるんで、ゆるんでくる。私たちの肌はどうしたっておとろえ、変化してきます。先にお話ししたように、時間を巻き戻すことはできません。でも、変化のスピードをゆるやかにすることは可能です。

いつものスキンケアを少し丁寧にする、スペシャルケアアイテムや、21世紀美容をとり入れてみる……。自分に合った自分にできるやり方で、どうぞ今のご自分の肌を慈しんでください。絶対に応えてくれますから!

おでこの凝りから老け顔に！

突然ですが、みなさんのおでこはどんなですか？　居すわってる横ジワありませんか？

おでこ、実はすごく凝っています。その代謝の悪さが、顔のたるみや額や眉間のシワ、重いまぶたの原因。なのでケアしましょう。すぐにできるおでこケアに特別な化粧品はいりません。両手の指の腹をおでこにあてグリグリしたり、ほぐせばいいのです。

シャンプーブラシでも、フェイスマッサージ用のローラーでもいいの。とにかくほぐしてみて下さい。頬や目元とは違い、おでこは筋肉の下がすぐに骨だから、結構強めにグリグリッとしています。ちなみに私は、シルクマッサージブラシでドライマッサージをしています。

硬くなったおでこをほぐして柔らかくすれば、まず、目が開く！　まばたきが楽にできるし、目がパッチリ大きくなり、眉間の縦ジワや額の横ジワが薄くなってませんか!?

ずっとは持続しませんが、コツコツ続けてると、表情全体が柔らかになる。額のシワにボトックス注射を考えてる人も、まずおでこほぐしをやってみて。効果を実感できますよ。

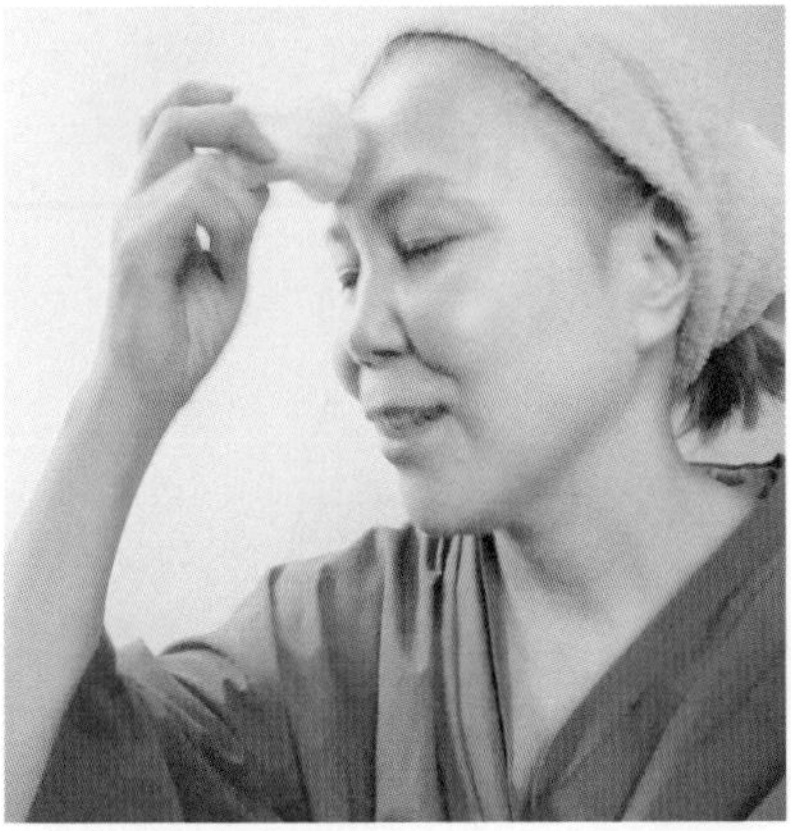

乾いた肌にシルクマッサージブラシ（KOBAKO）の先端を軽くあてクルクルマッサージ。私がプロデュースした血流アップと角質ケアができるブラシです。

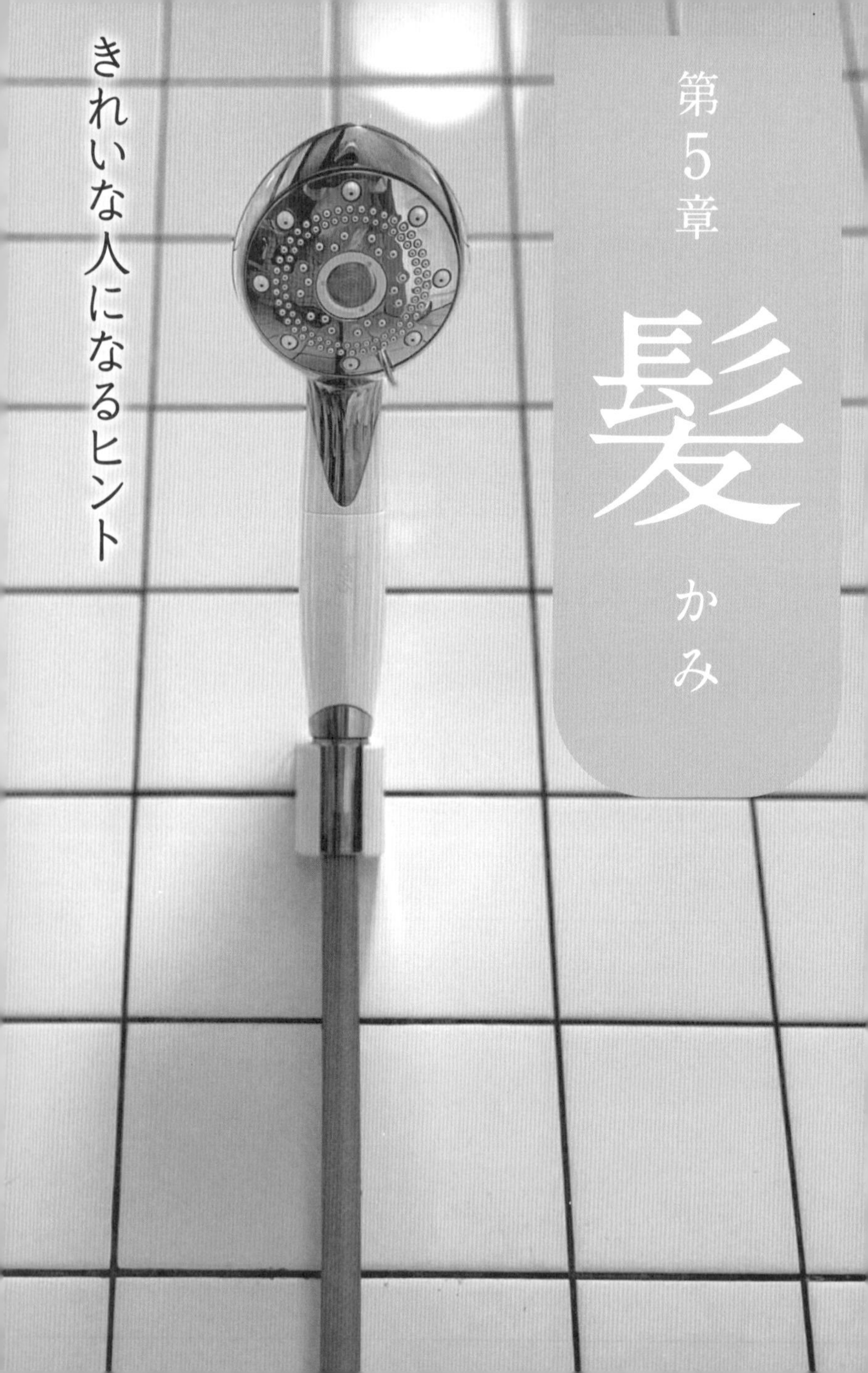

第5章 髪 かみ

きれいな人になるヒント

シャンプーは〝頭皮の筋トレ〟

更年期を意識しはじめた頃から、髪の毛が目に見えて変わってきました。白髪はもちろん、髪が薄く、少なくなり、ハリやコシ、ツヤがなくなって。髪質が変わった、と実感してます。ヘアカラーやパーマなどによる傷みというのもありますが、60歳になるとやはりエイジングによる頭皮の血流力ダウンが問題です。

年をとるほどに体中の血流は悪くなってきます。それは、頭皮も同じ。頭皮下の毛細血管は、加齢や環境やメンタルの影響を受けやすいそうです。

ちょっとしたことで血流が悪くなる。そうなると、髪の毛が育つ根っこの部分への栄養補給がうまくいかず、健康な髪が育ちづらくなると。しかも、乾燥や角質肥厚、代謝の滞りが原因で、毛穴の形が変わるそう。だんだんに髪の毛がやせたり、うねりや縮れ毛が出てくるのは、実は頭皮の血行不良が原因といわれています。

60歳からのヘアケアは、髪よりも頭皮が大事。だから、シャンプーは、頭皮ケアだと考えを変えて下さい。頭皮の汚れをきちんと落とし、かつ髪をいたわってくれるシャンプー選びが大切です。

最近のシャンプーは頭皮ケアに配慮されたもの、多いです。しかも、ふんわり仕上げたいとか、落ち着かせたいとか、うねりパサつきといった髪の悩み、自分の髪質やヘアスタイルに合ったシャンプー剤が選べます。ちなみに、シャンプー選びに迷った時は、担当の美容師さんに聞いてみて。あなたの髪の悩みや状況を一番知っているプロだからピッタリのシャンプーを教えてくれますから。

また、〝落とし方〟も大事です。洗濯の時の、ガンガン洗うタオル洗いなのか、優しく洗うデリケート洗いなのか、というように。リアル大人はいろんな意味でデリケートですからね。

シャンプーの頻度についてよく質問されますが、必ずしも毎日する必要はありません。それより、気をつけたいのは、シャンプーのし方。案外ちゃんと洗えてないんですよね。

また、汗と皮脂が大量に出るのが頭皮です。いわゆる加齢臭、枕についたニオイとか。

インバスで使う頭皮ケアアイテムいろいろ。夏のニオイ対策から使い始めたのが sunao クロシャンプー（右から 2 つめ）。

その対策には「肌」の章でも言った、「落とす」と「血行」が必要。つまり、ちゃんと洗わないとニオっちゃうから、不要になった汚れを落とし、血行を促進するようシャンプーをしましょう。

ポイントは「気まぐれ洗いをしない」ことと「マッサージする要領で洗う」です。シャンプーなんてもう一万回以上もやってることだから、たぶん無意識に洗っているんじゃないですか？　チャーッとアッチコッチって適当に洗って終わり、っていう人、多いんです。なんとなく気まぐれに洗うのではなく、ゾーンごとに意識して、順に洗ってみてください。

では、私流の洗い方を紹介しますね。

まずシャンプーをよく泡立てて、指の腹で頭皮をマッサージするように。耳から下の襟足ゾーンを洗います。次に、側頭部の耳上から頭頂部へ向かって、後頭部から頭頂部に向かって、最後に額の生え際から頭頂部に向かって洗います。

それぞれ頭頂部へ向かってマッサージするように洗うのは、血流をよくするため。頭の筋肉は前と横と後ろにあり、それぞれが筋膜によって頭頂部につながっているから、シャンプーは〝頭皮の筋トレ〟でもあるのです。血行がよくなれば、毛穴の状態がよくなり、髪悩みが改善。おまけに顔のリフトアップにもなって一石三鳥！

でもね、正直なところ、シャンプーって面倒だし疲れちゃいませんか。なので私は、頭皮マッサージャーを使ってます。シャンプーブラシもいいですね。とにかく気持ちいい！

シャンプー剤選びだけでなく、洗い方、すすぎ方、ドライのし方も、今、ちょっとアップデートが必要ですよ。

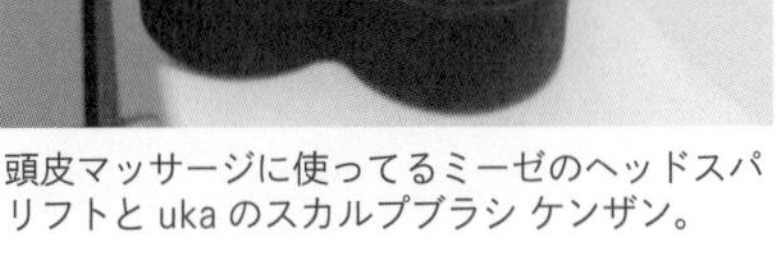

頭皮マッサージに使ってるミーゼのヘッドスパリフトと uka のスカルプブラシ ケンザン。

費用対効果バツグンのドライヤーとシャワーヘッド

髪の質感は、その人を印象づける重要な要素です。ツヤやしなやかさがある髪は、清潔感があってイキイキとした印象を作ってくれます。だからこそ髪質や髪形に合ったシャンプーを選び、ちゃんと洗うこと、大切です。

そして、洗ったら乾かす。この〝乾かし方〟でも髪は違ってきます。

髪へのダメージを少なくしてさらに髪の状態をよくするのが、高機能ドライヤーです！　髪は濡れている時に、もっともダメージを受けやすくなります。だから、シャンプー後はなるべくスピーディーに乾かしたい。でも、ド

トップサロンと共同開発した機能的で効果的なヘアケアプロダクトはドライヤーもアイロンもシャワーヘッドも、使い勝手よく、とにかく軽くて、スタイリッシュなデザインも好き。（リファビューテックドライヤープロ、92P 写真＝リファファインバブル ピュア／ ReFa）

ライヤーの熱は髪にはダメージを与えてしまう。そんな問題を解消してくれるのが、髪をいたわるさまざまな機能があるヘアケア感覚の高機能ドライヤーです。

乾かすためだけのドライヤーと比べれば、どれも値段はお高めですが、ほぼ毎日使うことや目に見えてわかる効果を考えると、費用対効果めっちゃいいです。今や、髪の美しさを引き出してくれるヘアケアアイテムのひとつという感じです。髪の不具合を感じている人はぜひ試してみて。ホント違いますから。

そしてもうひとつ、シャワーヘッド。毛穴に入り込むほど細かい気泡で、髪や体を洗う高機能シャワーヘッド。加齢臭の元になる頭皮の皮脂汚れを、浮かせて落としてくれるといいます。これでシャンプー前に予洗すれば、汚れがほぼ落ちてシャンプーがグンと楽に。すすぎの後の手ざわり違います。もちろん、体や顔にも同じくいい。シャワーヘッドも、ほぼ毎日使うものなので、費用対効果あり。オススメします。

切実な白髪問題

髪のエイジング、一番の悩みは白髪でしょうか。白髪って1本あるだけでもぐっと〝老け〟を感じさせますよね。

でも、今は個性を楽しめる時代だし、ヘアカラーも進化しているので、白髪を染めるにしても白髪を活かすにしても、その人のスタイルに合ったつきあい方ができるのです。サロン用もホームケア用も、カラー剤がとても進化していて、ダメージは格段に少なくなっているから、セルフでやるかプロに任せるか、どうなりたいか、どうしたいのか、選択肢が増えてます。

例えば私と同年代モデルの松本孝美ちゃんは、白髪ぼかしハイライトを入れて、サロン通いが3か月ごとになってホント楽になったと。しかもその髪色、とっても素敵。

ちなみに、私は、ヘナ染めをしています。ヘナは、植物から抽出された染料で、ジアミンアレルギーをおこしてしまったという人も染められ、また、頭皮クレンジングや、髪のトリートメント効果もあって、ハリとツヤが出て髪が健康になったので15年続けてます。

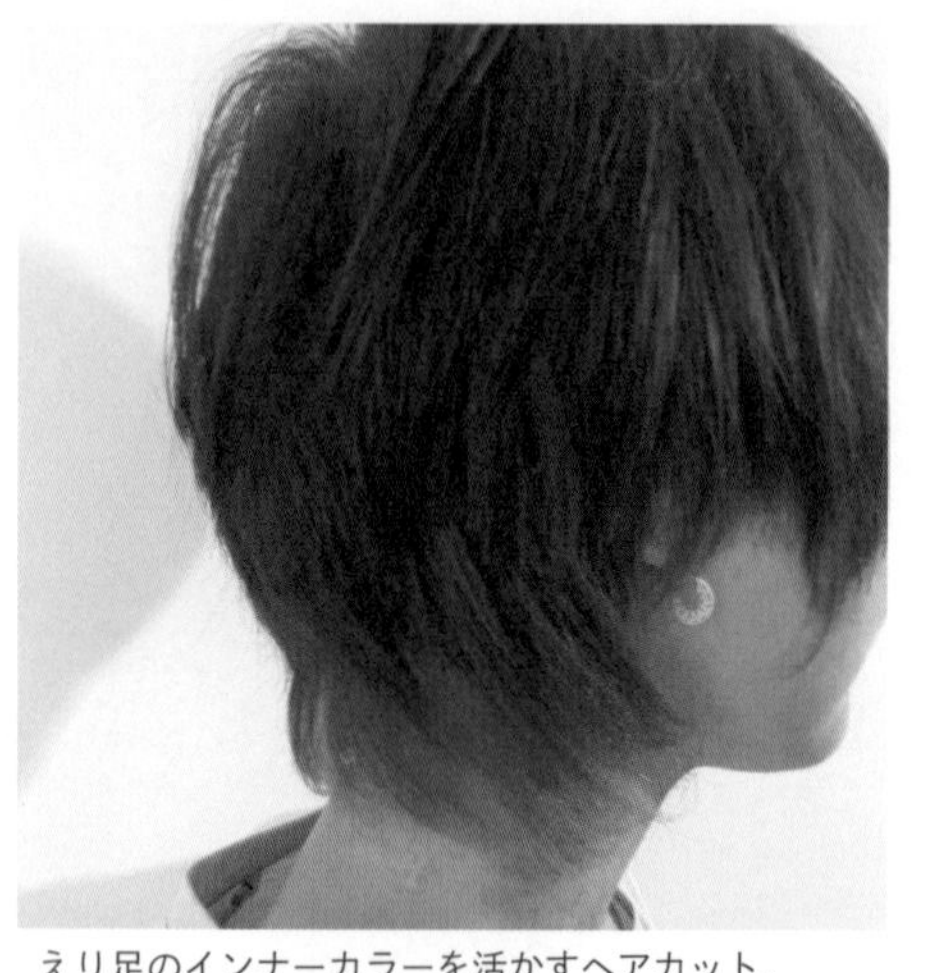
えり足のインナーカラーを活かすヘアカット。

私はサロンでヘナ染めしていますが、染めてから2週間ほどで根元に白いのが出てくるから自宅でのリタッチが欠かせません。

ヘナカラーのデメリットは色が選べない（基本オレンジ）、パーマがかかりにくい、カラーチェンジできないところ。そこで私、すそだけブリーチして、そこにカラーを入れてインナーカラーを楽しんでます。これが、すっごく評判よくて。

昔は、ヤンキーかタカラジェンヌさんくらいしかやってなかったブリーチ。でも今は剤のダメージがおさえられ、自由にカラーを楽しめるよき時代です。私たちも楽しめる。

あとは、部分的に白髪隠しできるアイテムも必須。マス

ヘナ染め一式がコーヒーカップに入ってて便利。トップのつむじとフロント部分をリタッチするのにちょうどいい。（ヘナカラーセット ダークブラウン／みんなでみらいを）

カラタイプ、パウダータイプ、筆タイプ、スプレータイプとかいろいろあります。自分次第です。自分で選ぶ！　時代です。

　そしてね、白髪は手をかけてあげないと素敵には見えないので「めんどくさい」ではダメ。私達世代の「そのまんま」は、いっきに老けこませちゃいますからね。

ノック式で気になるつむじの白髪部分にさっと使え、乾きが早く自然に目立たなく。(ROOT VANISH　白髪隠しカラーリングブラシ／ KIWABI)

〝型崩れ〟をカバーしてくれる髪形

エイジングによって、いろいろなところが型崩れしてきます。顔も体も、皮膚がたるんで下がって、輪郭はぼやけて、メリハリがなくなってくる。なのでリアル大人にとって、メイクや服、髪形は、ちょうどいい「型」をつくるためのもの、と私はとらえてます。

中でも髪形は、メイクや服よりも、ある意味重要です。メイクはディテールで、髪と服は形。服は着ればいいけど、髪は基本自分でスタイリングが必要だから、やっかいです。テクニックがいる。なので、もし悩んでいるなら、ボブかショートをオススメします。どちらもスタイルが決まりやすいんです。

スタイリングのポイントは、どちらも毛先。大人の毛先はパサパサしがち。だから毛先をブローしたり、スタイリング剤をつけて毛先をまとまりよくすれば形が決まる。切りっぱなし、洗いっぱなしのナチュラルは若い頃は魅力になったけれど、リアル大人はいけません。ひと手間が必要です。

ボブの場合は、面の美しさが大事。つまりツヤ。ストレートの場合は、ブラシでテンションをかけてブローするか、ストレートアイロンを使って、ツヤやかな面を作ること。これ大事！　くせ毛ならそれを活かしてパーマをかけるのもステキです。この場合もスタイリング剤でツヤと動きを出して下さいね。分け目を変えたりサイドを耳にかけたり、小さいアレンジでイメージのバリエーションが作りやすく、年齢を選ばないスタイルです。

ショートの場合は、どこかに柔らかさを出しましょう。根元に立ち上がりをつけたり、毛先に動きを出したり。ショートもやっぱり、洗いっぱなしはいけません。スタイリング剤を使って下さいね。ボリュームを出すところとタイトなところのメリハリをつけて立体感を意識するといいですよね。

あと、大人のまとめ髪は、おくれ毛にご注意を！　スッキリまとまってた方が、素敵に見えます。若い人のまとめ髪なら、オシャレ感が出せるおくれ毛ですが、リアル大人の場合は、〝おくれ毛＝疲れ毛〟になりがちですから。

スタイリンググッズ一式。ドライヤー、ストレートアイロン、ローションやスタイリング剤などまとめて。

〝浩未〟といえば……

私の髪形の話をしましょう。

もう15年以上マッシュルームカットがベースのスタイルです。もちろん多少の変化はありますが、基本はずっと丸いシルエット。

作ってくれたのは、ヘアサロン『TWIGGY.』主宰の松浦美穂さん。ヘアカットはずっと美穂さんにお願いしてます。

ある時、美穂さんが、前髪のラインを目の上ギリギリで揃えてフロントからサイドのラインを丸く繋げてカットしてくれたんです。60年代風のマッシュルームですね。そうしたら、それがすごく好評で、自分でもしっくりきたんです。

実は私の顔は長くて下っぷくれ。なので、前髪の丸いカットラインと全体の丸いシルエットと前髪が私の顔立ちをカバーしてくれる。私の長い顔が短く見え、アゴラインもすっきり見えるの。体形や髪質に合って、しかもお手入れも楽。この髪形に出会えたことには本当にラッキー。感謝しています。

いつもアップデートしたヘアカットをしてくださる美穂さん。

第6章 顔 かお

きれいな人になるヒント

これからは、メイクした顔が「私の顔」

みなさんは日頃から鏡を見ていますか?

年を重ねて顔立ちや肌にエイジングのサインが目立ってくると、「もう鏡は見たくないわ」なんて思う人もいるかもしれないですね。うんうん、わかります、なんとなく見て見ないフリしたくなる気持ち。

でも、その気持ちをわかった上で、私はやっぱりお伝えしたいんです。どうか、みなさん、ちゃんと鏡を見て、今のご自身の顔をよーく観察してみてください、と。メイクの時、上半身が映る鏡と、顔全部が映る鏡、そして、毛穴までチェックできる10倍鏡、この3種類があれば完璧です。これで「木を見て森も見る」ことができるから。

年を重ねていくと、しぼんで、下がって、色褪せていく。誰も止められない仕方のないこと。だったら、その下り坂を自分なりに楽しんでみませんか？ それには、今の自分を知り、認め、好きになることが第一歩。

そもそも若い頃の私の顔はイケてなかった。その上、女優やモデルって美しい人ばかりと仕事していたので〝美〟の基準が高かった。持って生まれた顔立ちやパーツの大きさは変えられないから……と、諦めていたのだけど、エイジングを実感し始めてから、変われるかも!? って期待できるようになりました。

まず一番に感じたのが、先に話した〝21世紀美容〟。他にも、メイクアイテム、スキンケアのすごい進化と充実。知るうちに「変われるかも」じゃなく「変われる」と信じられるようになったのです。

そして信じて続けたお手入れのおかげで今、年齢的にみても、肌の状態、いいです。そして鼻先がちょっとだけどツンとなりました(71P参照)。ただ、それでも、誰しも、顔から、色とツヤがなくなり型崩れしてきます。

そこで、私が長年提唱している「メイクの白・黒・赤」です。

大人女性の顔から失せちゃった「白」＝肌の明るさ、「黒」＝眉毛とまつ毛、「赤」＝頬と唇の血色、って3つの色をメイクで足すだけで、とりあえず元気で明るい顔になれる。例えば、「メイクの白・黒・赤」を下着と考えてみて。胸元をスッキリさせるブラであり、下がってきたお尻をアップするガードル、冷えをカバーする肌着、なのですよ。

つまり、ネガティブな顔立ちの変化を、ポジティブな顔つきへ、と変えていけるのが大人のメイクなのです。

リアル大人は、スッピンで勝負しなくていいんです。メイクを味方にした、自分なりの元気で明るい顔が「私の顔」。今の自分の顔を好きになりましょう。

基本のメイクは「白・黒・赤」があればいい

色はメイクの一番の強みです。が、私たちリアル大人が色を楽しむためには、ベースを整えておく必要がある。

まず、肌のくすみをとって明るくし、目元にある毛（眉毛、まつ毛）の存在感を出し、健康感を感じさせる血色をプラスしとく。このベースの色を整えておけば、ブルーや赤、微妙なベージュといったリアル大人に手強そうな色も楽しめるのです。もしメイクの色を上手くこなせないという人は、ベースになる次の3つの色をまず整えてみて。

「白」は肌。ほら、スマホアプリのカメラ機能で、肌を明るくするだけで若返るでしょ!? 不要な影をとって肌を明るくすると清潔感が出ます。「黒」は目元の毛。目ヂカラが弱くなったのは、たるみだけでなく毛の存在感が弱まったから。眉毛がない、まつ毛が減ったとか、黒が足りてません。「赤」は頬や唇の血色。血色なくて不健康に見えたり、反対に多すぎてやぼったく見えたり……健康的に見える赤のバランス、大事です。

基本の「白・黒・赤」ができていれば、メイクで好きな色や質感を楽しめます。そしてメイクの最後には顔全体を鏡に映し、顔の中の「白・黒・赤」がちゃんと効いているかチェックして。足りないな、と思う色があれば、ちょこっとプラスし微調整を。

メイク直しのときも、この「白・黒・赤」がちゃんと効いているかをチェックすればOK。なので、私の化粧ポーチには、3色を補充できるアイテム(コンシーラー、マスカラ、チーク、リップ)が必ず入ってるんですよ。

失った〝清潔感〟を「色」「質感」「形」で整える

大人のメイクに必要な要素は「色」と「質感」と「形」です。

「色」とは先に話した「白・黒・赤」。

「質感」とは、ハリのある艶やかさ。

「形」とは、顔立ちの立体感。

「色」の基本的なことは先ほど話したので、「質感」と「形」について。

「質感」の変化、それはフルーツがみずみずしさを失いドライフルーツになるとか、翌日のしぼんだ風船とか、すり減ったタイヤです。

肌のハリもツヤもなくなる。乾いてなめらかではない状態。そしてこの質感の変化によって「形」が崩れる。立体感がなくなり、顔が平たく大きくなる。また骨ばってゴツゴツしたり、たるんでもったりしてくるんです。

60歳から特に意識しなきゃいけないのが「形」。リアル大人の形崩れ、ハンパないです。曖昧でたるんだフェイスライン、小さくなった目、しょぼくなった眉、萎んでシワっぽくなった唇……。でも大丈夫！　ちょっとだけ「形」を意識して、メイクすればいいんです。

ところで、私たちリアル大人が最も失ってしまったものって何だと思いますか？　その答えは、「清潔感」。私たち世代の「清潔感」はいくらクレンジングや洗顔をがんばって「清潔」にしていても出せません。使い込んだ白いタオルが、ちゃんと洗濯しても漂白してもなんとなく薄汚れてくるのと同じなの。だから、「清潔感」をメイクでつくる。つまり清潔感の〝感〟を見せるためのメイク、それが「色」と「質感」と「形」を整えるということです。

やっぱり肌！〝令和の優秀ファンデーション〟

リアル大人の顔には不要な影がたくさんあります。顔色がくすんで、目尻のシワやほうれい線だけでなく、口角から現れるマリオネットライン（これが出てくると一気に老ける）、目の下の膨らみや凹みも同様。開いた毛穴も小さな点の影となって肌をくすませます。

こういった〝老け影〟がつくる色ムラのせいで、清潔にしていても清潔感が出ない。疲れて見えたり怒ってるように見える。こんな〝老け影〟を解決するのが、ファンデーション、コンシーラー、ＢＢやＣＣクリーム、フェイスパウダーなどのベースメイクアイテム。「白・黒・赤」の「白」のパートですね。

リアル大人の肌作り、まず私は〝令和の優秀ファンデーション〟をオススメします。「ファンデーションって肌に悪いんでしょう?」とまだ思われてる方もいらっしゃるかもしれませんが、令和のファンデーションは悪くない、むしろ、肌にいいものが多いんです。

皮膚が薄くデリケートになったリアル大人の肌は、外からの影響を受けやすい。だから、ファンデーションの膜で守るんです。令和のファンデーションは、カバーして消すのではなく、目立たなくするの。その膜は極薄で、表情に合わせてストレッチするから崩れにくい。肌にフィットし〝老け影〟を目立たなくし、肌を明るくしてくれるんです。

さらにスキンケア効果もあって、メイク落としした後の肌に疲れがない。もちろん使いこなし方も簡単です。こんな優秀な令和のファンデーションを使わないのはもったいない！　いろんなタイプがあるけれど、うるおいのあるクッション、クリーム、リキッドがオススメです。

そして仕上げにフェイスパウダーを！　崩れにくくなるだけでなく肌を柔らかく見せ、さりげないニュアンスや明るさを与えてくれる。ノースリーブを着た時に羽織るショールのような安心感と洒落感を与えてくれるので、私たち世代の味方です。

肌が明るくきれいだと気分がいい！　朝起きた時の、リアルなくすみ肌がメイクで明るくなるとホッとしますもん。

ファンデーションの質感をころさずふわっと柔らかな肌に仕上げるフェイスパウダー（マイファンスィー フェイスパウダー ラベンダーピンク／Koh Gen Do)

眉のお手入れ、やめてみる

「眉メイクに自信がない」って人、多いです。世代関係なくお悩みNO.1です。なぜか？　眉は顔立ちに最も影響するパーツであり、変化自由なパーツでもあり、唯一、自由に形を変えられるから。太さも、長さも、色も自由。自由だから難しい。変えられないなら諦めもつくんだけど、変えられるからね、難しい。顔の印象を決めちゃうから、プロでも難しいもの。

中には、眉の流行にあわせて長年抜いてて毛が生えなくなった、とか、白髪が出てきた、なんて人もいるでしょう。

リアル大人の眉で最も大事にしたいのが「毛」です。毛を最大限活かせば、自然に若々しく顔を元気に見せてくれる。なので、まずはお手入れ、やめてください。今ある毛を最大限に活かすんです。

私なんか、まぶたの上のムダ毛も生やしっぱなしです。以前は、まぶたがくすむからとカットしていましたが、今はそのまんま。だって毛は〝若々しさの象徴〟だから。大事なのは、眉の上下のライン。このラインを邪魔する毛だけ処分すればいいんです。自分ではうまくできない、という人は眉サロンへ行って整えてもらってください。

もう一つの選択がアートメイク。すっぴんでも消えないアートメイク眉はホントいいです。私も眉尻に入れてます。が、注意点が一つ。アートメイクで眉を完成させてはいけません。あくまでベース、メイクして完成、がいいんです。だってほら、眉で顔立ちって変わっちゃうじゃないですか。流行もあるしね。なので、アートメイクに頼るのは7～8割、がいいです。

眉は顔立ち、顔つきをつくります。なので、それぞれの顔と雰囲気にあった眉にしましょう。一般的に、「形」でいえば、〈細い↓落ち着いてる〉〈太い↓アクティブ〉〈長い↓エレガント〉〈短い↓子供っぽい〉〈シャープ↓かっこいい〉〈丸い↓柔らかい〉

この「形」の組み合わせに「色」を加えれば、今ドキの眉のベースがつくれます。アイブロウの色も、定番のグレー、ブラウン、ダークブラウンにそれぞれニュアンスが加わって、バリエーションも増えてます。

私たちの眉に必要なのは軽やかさ。今なら少し赤みをプラスすればいい。それには眉マスカラが便利。毛流れをアップしつつカラーチェンジが簡単にできるアイテムです。他にも、落ちにくいジェルタイプや、眉毛を一本一本描けるリキッドタイプなど、まずはプチプラコスメで試してみては。

顔を一気にあかぬけさせる効果のある眉メイク。失敗しても落とせるからね、まずはトライ！

〝一石四鳥〟効果の「ハートチーク」

基本的なチークの効果は、

（1）顔に立体感

（2）生き生きとした血色感

（3）肌のアラを目立たなくする
　リアル大人はさらに、

（4）間延びした頬を縮めたい！

で、考案したのが「ハートチーク」です。

私たち、メイク始めた20代の頃、チークは頬骨に沿ってシャープに入れる、と教わりました。当時は彫りの深い顔がお手本だったから、効果（1）の立体感を出すために頬にライン状に、と。でも、なんだか無理矢理で、厚化粧に見えてしまうので、ほとんどつけてませんでした。

その後、30代、40代の頃になると、頬の丸みにふんわり丸くぼかして血色感を足すだけでいい感じに。毛量たっぷりのチークブラシでザザッと適当につけてOKでした。

ところが、50代以降はいよいよ顔が下がり間延びして、ぼやけます。そこで、（4）の効果の必要性を実感して、編み出したのが、名付けて「ハートチーク」。頬に半ハート型のライン状にチークを入れ、血色感アップだけでなく、リフトアップと小顔効果まである一石三鳥！　ライン効果を効かせたいから、パレットに内蔵されている1・5～2センチ幅の平たいブラシがちょうどいい。「パレットについてるブラシは小さいので、毛量がたっぷりあるブラシを別途お求めください」と言ってきましたが、補正ラインでのメイクにはこの内蔵ブラシが使いやすい。上手くこなすコツは、ブラシにカラーをちゃんと含ませて、ラインの方向と長さを顔形に合わせることです。ふっくら顔ならフェイスラインの内側にシャープに入れる、しぼんだ顔ならハート型をオーバー気味にまるく入れる、とか。目尻からこめかみ、フェイスラインにひとはけ（これが半ハート型）。なので、リフトアップと小顔効果がプラスされるんです。

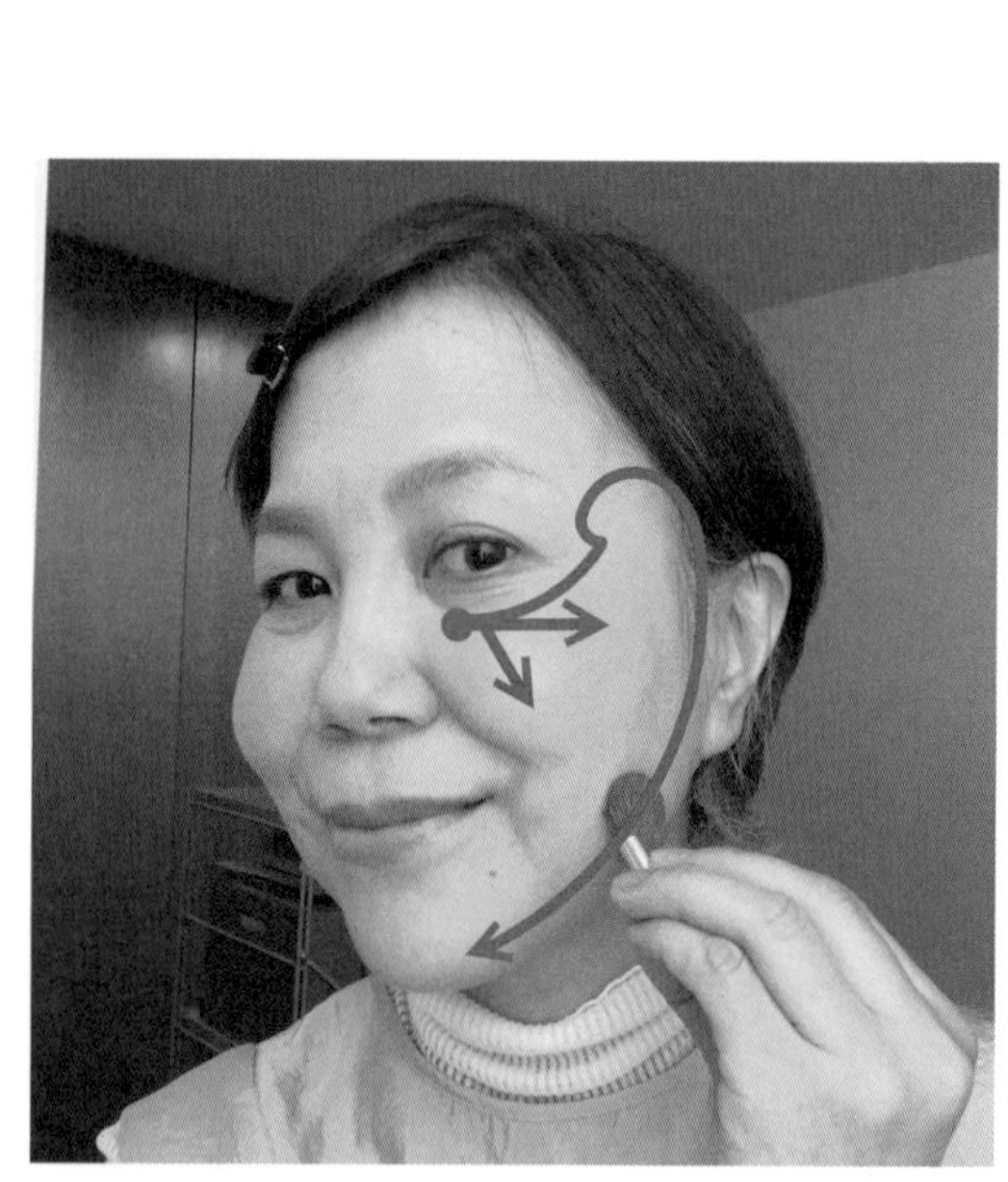
黒目下、小鼻横のポイントを起点にライン状にチークカラーを仕込む、目の錯覚効果を使ったテク。

チークの色選び、基本的には、イエベの人はオレンジ系、レッド系。ブルベの人はピンク系、ローズ系。コーラル系はどちらでもOK。発色よすぎる濃い色は使わないほうが無難です。ただ、肌なじみのいい色は、使いやすい反面、基本くすんでいるリアル大人の肌や顔立ちをシャッキリとさせてはくれません。なので仕上げに、〝追いチーク〟をぜひ。

〝追いチーク〟は、ピュアなピンク、オレンジで、さりげなくパール感があるのがいい。ピンクは、黄ぐすみした肌に透明感を。オレンジは、明るさを与えてくれます。また、ブラウン系もいい。言葉は悪いけど、「いい具合に汚してくれる」。チークはきれいな色のほうが顔色がよくなると思いがちだけど、色がきれいすぎて浮いちゃうってことも。そんなときに、ブラウン系が入ると、しっくりなじんでまとまるんです。

〝追いチーク〟は毛量たっぷりの大きなブラシにとって、色をサッと大胆に入れるといいですよ。

カラーメイクはアイラインで楽しもう！

メイクの色や質感がすごく進化してます。赤、ブルー、ピンクなど、派手すぎる、ハレぼったくなる、なんて敬遠していた色がとても使いやすくなってます。

全国どこでも売っているプチプラコスメは、コスパよくカラーバリエーションが豊富。その中でも私たちが、効果的に、しかも気軽に色を楽しむのにアイライナーがおすすめです。ぼやけてきた目のキワをふちどって、くっきりさせつつ、カラーも楽しめる。これも私の好きな一石二鳥です。

アイラインは線なので、色の分量が少ないのがいいんです。中でも、くっきりと描けるリキッドタイプがおすすめ。ヴィヴィッドな色からちょっとくすんだ色までさまざまな色が揃っていて、滲みにくく、たとえ落ちても汚くならない。テクニックが難しいと思ってる人も、まぶたが重くかぶってきたリアル大人の目元なら、ガタついたとしても目立たないから、大丈夫。心配な人は、練習すれば大丈夫！

ここで確認。メイクにはちょっとした練習が必要です。若い頃と顔立ちも肌も変わってきてるから、その変化に合わせてやり方をちょっと変える、とか、新しいアイテムを試してみたり、とか。今までの自分のあたり前があた

リキッドタイプのアイライナー。
使う前に振るのを忘れずに。

り前じゃなくなってるから。私は夜、メイクを落とす前にちょこっと練習。これを〝闇練(やみれん)〟と呼んで、今でも時どきやってますよ。

では、アイライナーの色選びの参考に。

「ボルドー、レッド系」↓女っぽくてちょいセクシー。可愛らしさも。

「ネイビー、ブルー系」↓クールで涼やか、アクティブで知的。

「カーキ、グリーン系」↓落ち着いた安定感。最も目元になじんでさりげない。

「シルバー、ゴールド系」↓軽やかな透明感と華やかさ。

現在の個人的なお気に入りは、パステルグリーン、みずいろ、ピンクといったヴィヴィッドな色。アクセント的に目尻にチョン、と1センチくらい、とか、まつ毛のきわを細くふちどるだけ、とか。奥二重なので、まばたきでチラチラッとさりげなく見えるのがいい感じ、と気に入ってます。

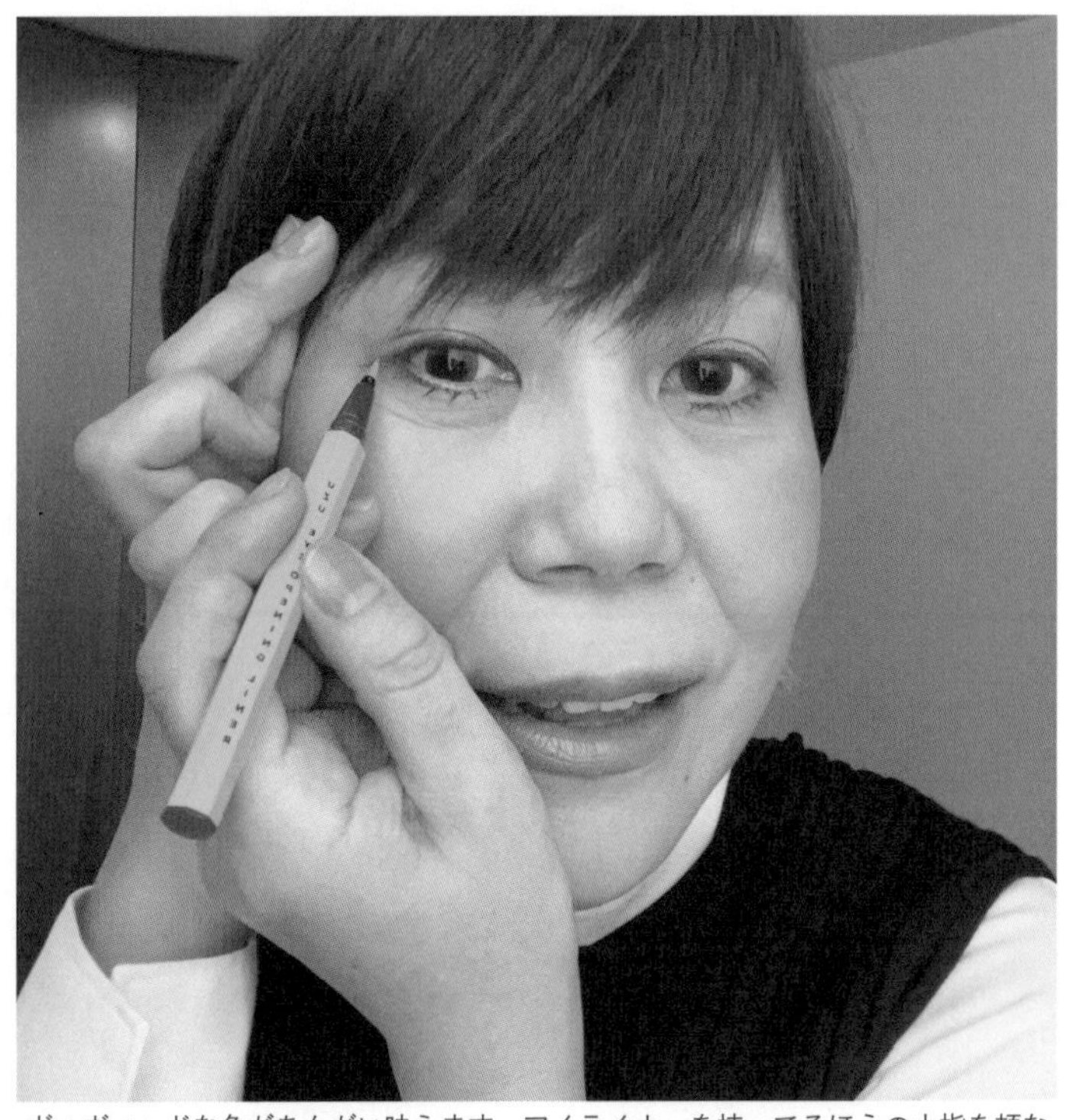

ヴィヴィッドな色があんがい映えます。アイライナーを持ってるほうの小指を頬など顔にあてて支えにするのと、反対の手でこめかみを軽く引っ張ったり押さえてまぶたが動かないようにするのが上手く描くコツ。(EYE OPENING LINER　BLUE／UZU BY FLOWFUSHI)

リアル大人こそ二重のアイテープ

中1からのアイテープ愛用者です。右が奥二重、左が一重だったので左目に365日24時間アイテープ貼って、二重まぶたにしていました。30〜40代後半、いったんお休みしていたんだけど、今また使ってます。

理由は、まぶたが下がったから。年を重ねると肌はたるみ、とくにまぶたは著しく、たるんで下がって目にかぶさり、目が小さくなる。形の変化だけでなく、目をふちどる「黒」のまつ毛も減って、ますます目力が弱くなってる。見た目の変化だけでなく、まぶたが下がって見えにくくもなる。進行して眼瞼下垂という状態になると、手術で治療になるのだけど、そこまでじゃない。ので、時々、アイテープを使ってます。

私のようにまぶたがかぶさるのではなく、三重や四重と線が増えちゃったという方にも。アイテープは二重にするためだけじゃなくまぶたのライン修正に使えるアイテムです。

私はテープ派ですが、ファイバー、のりタイプなど種類もたくさんありますよ。いろいろ試してますが、私はずっと使ってるテープタイプがいいです。まぶたの皮膚が伸びて余るので、両面テープがいい塩梅で、今は100均の透明タイプの両面テープを使ってます。

ただアイテープは、長さ約2・5センチ、幅1~3ミリってとても小さく細いので、台紙から上手く剥がすのが難しい。また、きれいに剥がせたとしても、まぶたのいい位置に貼るのがまた難しい。

上手くつけるコツは、最初に仕上がりの目の形をイメージすること。某美容外科の二重整形のＣＭみたいに、まぶたの二重を作りたい、折りたたみたい位置をおさえてシミュレーションしとく。そうすると、どこにテープをはればいいか、なんとなく目星がつくので。そして、まぶたはとてもデリケートな部位なのでやさしく扱ってくださいね。また、ＹｏｕＴｕｂｅにはコツを教えてくれる動画がたくさんあるので参考にしてみては。あとは実践あるのみ！

実は半世紀近く使ってる私でさえ、７勝３敗です。でも、たるんでやわらかくなっているまぶただから、ある意味やりやすくもある。なんとなくなじんで大丈夫だったりするんです。だからね、失敗してもめげないで！

DRAWINGs

誰でもあかぬける！「ズカ姫チャート」

10年前に出版した私の著書『同窓会で二番目にキレイになるには…』でも紹介した「ズカ姫チャート」は、顔と雰囲気で4タイプに分け、タイプならではの魅力を生かし、あかぬけるために考案したチャートです。

今までたくさんの女性達の顔に接してきた経験から、骨格や顔立ちには、しっかりとしていてパーツが直線的な顔立ちの「ズカ」系と、柔らかな丸みでパーツが曲線的な顔立ちの「姫」系。さらに、パーツが小さく控えめな「シンプル」と、大きくて存在感がある「デコラティブ」タイプに分類。

ちなみにこのネーミング、私が宝塚歌劇の大ファンで、宝塚の男役と娘役をイメージして名付けたものです。

この4タイプをベースに、エイジングした自分の魅力をアップさせ、簡単にあかぬけられる法則を発見！

それは自分のグループの対角にあるグループの要素をほんの少し加えればいいということ。

例えば、

シンプル姫系　⇕　デコラズカ系

デコラ姫系　⇕　シンプルズカ系

あえて自分にない要素を少しだけプラスすることであかぬける。これを〝クロスの法則〟。

今の自分を知れば、もっと素敵になれるんです。

まず自分の顔立ちのタイプを知る!

シンプル

シンプルズカ系

上品

- ☑スッキリと平面的な顔立ち
- ☑顔のパーツは小ぶりで細い印象
- ☑髪は細く黒めの色が似合う
- ☑知的でクール

【有名人でいえば】

小雪、天海祐希、石田ゆり子、木村佳乃、木村多江、麻生祐未、草刈民代、眞野あずさ、戸田恵子、など

シンプル姫系

かわいい

- ☑顔のパーツが小ぶり
- ☑目鼻立ちは丸い印象
- ☑瞳が薄茶色
- ☑可憐さがあり若く見られる

【有名人でいえば】

伊藤蘭、黒木瞳、原田知世、YOU、桃井かおり、南果歩、水野真紀、阿川佐和子、松本伊代、小泉今日子、など

ズカ系 ⟷ 姫系

デコラズカ系

かっこいい

- ☑顔のパーツが大きい
- ☑目鼻立ちが角ばっている
- ☑眉やまつげがしっかりある
- ☑華やかであねごタイプ

【有名人でいえば】

大地真央、米倉涼子、萬田久子、工藤静香、真矢ミキ、杉本彩、夏木マリ、前田美波里、鈴木保奈美、桐島かれん、など

デコラ姫系

女っぽい

- ☑顔のパーツは大きい
- ☑目鼻立ちに丸みがある
- ☑立体感のある顔立ち
- ☑女度が高く華やか

【有名人でいえば】

若村麻由美、風吹ジュン、加賀まりこ、高橋惠子、飯島直子、鈴木京香、前田典子、中尾ミエ、草笛光子、など

デコラティブ

第7章
装
よそおい
ハッピーに生きるヒント

トレードマークを決めましょう

顔も体も〝型崩れ〟しちゃってる私たち。全ての重心が下がって、ハリがなくなって、輪郭がぼやけてる。50歳の時の不安感とは違う、60歳はリアルに実感してしまう、現実を……。ちょっと悲しくなりますが、仕方ない。みんなそうだからね、受け入れましょう。で、おもしろがりましょう！

こんな私たちの味方をしてくれるのが髪形とファッションです。どちらも〝形〟なので、大人の型崩れをフォローできるのです。

「ダメなとこ隠して、良いとこ見せる、強調する」が基本です。

第5章で、トレードマークになってる「浩未ヘア」の話をしましたが、決めてからはホント楽。もちろんアップデートはしていますが、ベースの〝丸み〟は変えてません。黒柳徹子さんの玉ねぎヘア、然りです。

ファッションではカゴバッグ。50歳の時からバッグはカゴと決めてます。ので、高価なブランドバッグが気になりません。たまに、どうしても！　ってのはありますが、基本、すでに手持

私のカゴバッグ。修理しながら使ってます。内袋やカバーを替えるとイメージが変わります。

ちのバッグで大丈夫。流行に惑わされることがないし、なにより軽いのがいい。故・ジェーン・バーキンさんもエルメスのバーキンとともにずっとカゴバッグを愛用されてましたよね。

洋服は、基本トラッド好きですが、シンプルでベーシックすぎると地味で映えない。いろいろな服を試着してみて、私の型崩れをうまくカモフラージュしてくれるのはちょっとデザインのあるもの。そして襟元のラインにこだわってます。顔のすぐ下にある襟元はヘアスタイルと同じく額縁です。

たくさんの失敗を経て、私にはボートネックや中途半端に開いた襟は似合わないことがわかりました。色については、カラー診断を受けてから、しっくり合う色が見つけやすくなり、色を楽しめるようになりました。

たくさんの選択肢があるからこそ、迷います。決めつけるのではなく、自分の軸になるとこ、トレードマークを決めておくと、効率よくおしゃれを楽しめる！　ですよ。

メガネを味方につける

エイジングをしみじみ実感してしまうのが老眼です。時々だった見えにくさが、日常になった60歳、メガネは必須！　近視で30代からコンタクトレンズでしたが、今はシーン別にメガネを使い分けてます。

仕事ですごく近くを見る、パソコンを見る、舞台など遠くを見る、コンタクトなし裸眼用の4タイプ。エイジングで、コンタクトレンズだけでは対応できなくなって、だんだんと増えてきたの。

昔はネガティブだったメガネも、私たちにとっては強い強い味方です。よく見えるようになるだけでなく、顔つきを変え、雰囲気を変えてもくれるから。デザイン性の高いおしゃれなメガネが増え、リーズナブルで程よくトレンド感あるフレームも手に入れやすくなってます。よって、ファッションを楽しむようにメガネを変えられる時代なのです。

例えばテレビで見た俳優の八嶋智人さんはメガネを外すと誰だかわからない。役によってメガネを変え、もはや顔の一部になっているそう。インテリアスタイリストの石井佳苗さんや陶芸家の井山三希子さんもメガネがトレードマーク。自分らしく個性的でおしゃれで素敵です。

メガネは顔の印象をつくるのです。その効果はメイク以上。よってメイクが苦手って方にはおすすめですよ。ちなみに常にはかけていない私は、見た目だけでなく気分を変えられるデザインで、楽しんでます。

もちろん機能性も大事。重さとか、レンズの位置とか、鼻あてパッドのあたりとか、正しく微調整してもらうと負担にならずすごく楽になる。メガネ

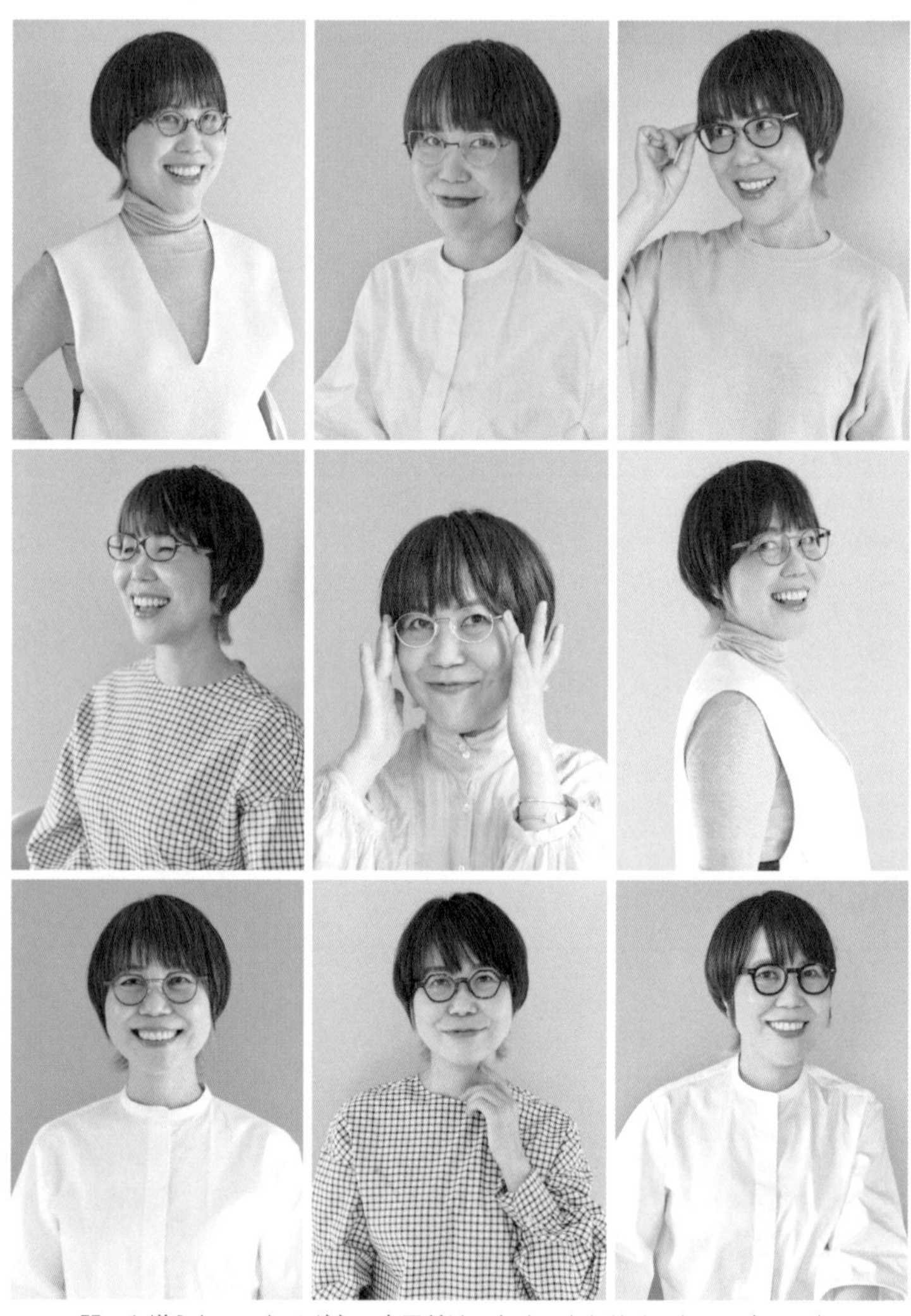

いつの間にか増えちゃったメガネ。実用だけでなくアクセサリーとして楽しみたい。

のおしゃれを楽しむためにも欠かせないポイントです。

シンプルなデザインのものもいいけれど、ちょっと個性的なデザインや存在感のあるデザインのフレームも私たちには意外と似合う。食わず嫌いしないでメガネ店のスタッフさんに聞いてみるといいですね。専門的な知識と経験とプロの感覚で、親切に教えてくれますから。

見えにくい対策だけではない、新しい個性を見つけられるのがメガネです。楽しみましょう！

試着とコーデ買いのススメ

コーディネートに迷わない人は大丈夫ですが、服の組み合わせって難しくないですか？　私は悩んじゃうから、プロに聞くコーディネート買いと「衣替えファッションショー」（163P参照）で解決してます。

服を買う時は、好き！　似合う！　ってアイテムが見つかったら、それに合うコーディネートをお店のスタッフさんに提案してもらいます。お願いすれば「パンツならこちらは？」とか「スカートならこんな感じは？」と、出してくれます。よっぽど好みじゃない、とか、サイズ的にぜったい無理って以外は、そのコーディネートを試着してみます。とね、思わぬ発見があるんです。

スタッフさんは、店内にある商品を把握しているし、イマドキもご存じ。好みの違いは多少あるかもしれないけれど「こんな感じが好き」と伝えれば、似合いそうなのを選んでくれます。

で、とりあえず試着しましょう。実際に着ると、体形や肌色、全体のバランスが伝わるから、さらに似合いそうなコーディネートを提案してくれる。自分では似合わない、と思ってたのが意外に似合ったりするから、リアル大人はおもしろい！

客観的な視点で今までとは違う着こなしを教えてもらい、新たな可能性に気づいたりするの。しかも軸となる基本のアイテムが似合ってれば、そんなハズレることもないんです。

ここでポイントは、コーディネートしてもらったアイテムをトータルで買う。だって実際着てみて似合う組み合わせだから間違いない。似合ってイマドキで、結局は無駄がない。単品よりコーディネートで買ったほうが「意外と使えなかった」っていうのがないからお得。もちろん、もし似たようなアイテムが手持ちにあれば買わなくて大丈夫。

それから、試着を面倒くさがらないこと。通販が便利でいいよね、なんて言わずとにかく試着を！　私はユニクロでもZARAでもサイズ違いで試着します。S・M・Lっていうサイズだけじゃないんだな。しっくりするかどうかは。何でも着こなせた若い頃が懐かしい。通販で買うのは部屋着か交換OKかサイズ感がちゃんとわかるものだけです。

手元には清潔感と品格を

長年、人生を歩んできた私たちの手はくたびれてます。だって手は道具で、家事とかいろんなことに使ってるから。カサついたり、荒れたり、くすんだり。大人女性に多い手指の病気もあります。友人は、曲がった指を見ては悲しくなり自信がなくなる……と。

見たくなくても目に入っちゃう手元だから、お手入れして気分をあげるといい。そして、お手入れされた大人の手元は、清潔感と品格を与えてくれるから、きれいにしといて損がない。

手元のケアもスキンケアの3本柱と同じ「落とす」「保湿」「血行」です。手を洗うだけでなく時どきの角質ケア、洗うごとにハンドクリーム。ついでにストレッチして「血行」アップ。特におすすめはスクラブでの角質ケア。日々ちょっとの積み重ねで確実にきれいになりますから。

爪の長さは好みがありますが、カットは爪切りではなくヤスリがおすすめ。肌同様、爪も脆くなっているので、二枚爪とか割れちゃってお困りなら、ぜひヤスリで。私は短いのが好きなので、まめに削ってます。そして時々、「uka」のサロンでネイルケアしてもらいます。

3か月に一度くらいですが、甘皮や爪の凸凹をなめらかに整えてもらい、その後はセルフで。カラーも塗りますよ。サロンでベースを作ってもらってるからセルフでも塗りがきれいにできるので、いろんな色を楽しんでます。また、爪を守るベースコートを塗るだけでもいい。ツヤがあると清潔感がアップしますから。お気に入りは、うっすら色づき、ぷっくりと艶やかにしてくれる、ファンデーションネイル。どんな爪でも、とりあえずきれいになれるんです。

ケアすると指輪やブレスレット、時計などの手元のアクセサリーも映えますよ。おしゃれした手元を見れば、気分いいし、自信も出てくる。末端にありながら、ものすごく雄弁。人に与える印象だけじゃなく自分自身に元気がもらえますから。そしてね、顔より結果が早く出るからお得です。

私のセルフネイルケアアイテム。

靴は〝歩ける〟が第一条件

アイテム選びが若い頃と一番変わったのが靴です。
筋力が落ち、歩いて痛くなる靴や歩きづらい靴は、体全体へのダメージにつながります。高いヒールや細身の美しいフォルムの靴は大好きだけれど、もう無理して履きません。ってか、もう履けません。外反母趾で足の横幅が広くなり、人差し指が出っぱり過ぎてて、サイズアップもしちゃってます。ガマンできないの。

私の目標は「いくつになっても自分の足で歩けること！」。日頃から、意識してなるべく歩くように〝歩ける靴〟を履いています。

と、いうわけで、機能性高くデザインがイマドキなスニーカーになりました。

「アレキサンダー・マックイーン」などハイブランドのスニーカーは、めっちゃ高いけどめっちゃ良い。シンプルな洋服着ててもお洒落に見せてくれますから。現実的なところでオススメは「ナイキ」や「アディダス」などスポー

スニーカーいろいろ。

ツブランドのスニーカー。機能性があってイマドキで、買いやすい。アウトドアの「KEEN」や「ビルケンシュトック」「トリッペン」も履きやすい。ちなみに、学生時代に上履きだった「月星」は「ムーンスター」と社名を変更していました。機能的で足の健康も考えられ、オシャレでコスパもよく、大注目してます。

履かないけど眺めてうっとりのヒール靴。

第8章 暮 くらす

ハッピーに生きるヒント

湯船につかればなんとかなる

疲れた時や、いやなことがあった時、気持ちがふるわない時、やる気が出ない時、私はお風呂に入ります。

シャワーじゃなく、湯船にちゃんとつかります。温まって、全身を丁寧に洗ってキレイにすると、なんだか気持ちが落ち着いてリセットできる。私の不調解消法です。

お風呂で「水に流す」です。汗や汚れと一緒にいろんなネガティブな感情や出来事を流しちゃう。で、頭も心もシャッキリする。リセットされて、やる気が出てくるんです。心が鬱々としている時って、体や心が冷えているんだと思うんです。湯船につかってしっかり温めることで、鬱々したもので満杯になっていた心にちょっと余裕が生まれる。体と頭が目覚めて、はじめて心にアキができる。お風呂の〝整える力〟って本当にすごいです。

もちろん、不調な時だけじゃなく、お風呂は毎日入りますよ。友人が「お風呂につかるのって〝湯煎〟だよね」と言ってたけど、内側から体の温度がジワジワ上がって、血行が良くなる感じって、シャワーでは難しい。冬は朝にも入ってます。夏はシャワーで汗を流せばいいけど、冬は温まりたい。

ちなみに私が湯船にちゃんとつかるようになったのは、歯磨きと韓流ドラマ、更年期がきっかけでした。

更年期で不安定だった頃、お風呂で体温めると良いらしいと聞き、ハマってた韓流ドラマをｉＰａｄ持ち込めばお風呂で見られるじゃん！ ついでに、歯磨きもしちゃえば一石三鳥じゃん！ て。その習慣は今も続いてて、お風呂の中でいろいろやってます。

でも、たまに、くたくたに疲れていたり、どうしようもなく面倒だなって日は、足だけは洗います。汚れを落とすだけではなく、邪念的なモノが払えた気にもなる。小さい頃からの習慣です。

もちろんメイクも落としますよ、安心してください！

のんびりより、やりたいことをやっちゃうバスタイム。

バスタオル、やめました

いろいろな事が面倒くさくなってきた。パワーダウンしてるな、と思うけど、これが今の自分なのだ、受け入れよう、と、バスタオル、やめました。

ナンノコッチャと思いますよね。バスタオルの存在が面倒になってきたんです。大きいから洗濯が面倒。干すのに幅をとる。収納にスペースをとる。だったら、扱いやすいサイズのフェイスタオルで良いじゃん。ということで、変えてみたら大正解！　扱いやすくて、洗濯もラク。収納もしやすい。「お風呂上がりはバスタオル」って先入観で使っていたけれど、フェイスタオルで十分だし全然快適、大丈夫！

ついでに言うと、フェイスタオルは、同じ白いのを7枚まとめて買っています。同じ色、同じ素材のタオルがきちんと畳まれて棚に収まってる整然とした見た目が、ワタシ的にとっても心地よき。

7枚ローテーションで使ってると、半年くらいするとだんだんくたびれてくる。そうしたら、また白いタオルを7枚まとめて一斉にお取り替え。扱いの楽ちんさと、見た目の心地よさを叶えてくれる、新しいタオル習慣です。ちなみに白にしているのは、まとめて漂白できるから。そ

肌あたりよくコスパ納得のタオルを探します。

して、取り替えたタオルは雑巾にして最後まで使います。

もう一つ、面倒くさくなったのがシャンプーです。まさかこの私が、シャンプーするのを面倒と思う日が来るなんて⁉ と、自分でも驚いてますが、腕が疲れちゃうんです。筋力の低下？ 腕を上げて洗うのが億劫だな……って。

リアル大人ってこういうことが出てくるんですね。そこでシャンプーにも使える頭皮用マッサージャーを使ってみたら、これが大正解！ 楽なんです。頭皮をしっかりマッサージしながら洗ってくれる。楽な上に気持ち良い。頭皮を洗うついでに、額や首筋もマッサージして一石二鳥。以前の私はせっかちで、ゆっくり動くの我慢できなかったんですけどね。

それから、ロボット掃除機にしたのも大正解。同居しているニャン達の猫毛が床にふわふわしてる。しかも床が黒っぽい色なので目立つんです。〝ルンバくん〟と呼んで、毎日床を掃除してもらってます。

ちなみに、床を水拭きする掃除機〝モッピーちゃん〟もいます。が、これは自動ではなく、自分でやらなきゃいけないから最近出番が少ないの。やっぱり楽なほうがいいのよね。

日々の面倒くさいをサポートし快適にしてくれる家電や道具、使えるなら、使わにゃソン！

働き者のルンバくん。ニャンズとも上手くやってくれてる。

毎年2回 衣替えファッションショー

暮らしを見直して、面倒くささや手間を省エネしていく方法をもう一つ。それは、洋服の収納です。

まず、最初に決めたのは、洋服はなるべくハンガーに掛けて収納すること。畳んだほうが扱いやすいものは畳んでいますが、Tシャツやニットも、ハンガー掛けで収納します。その理由は、探しやすく、取り出しやすく、おさめやすいから。畳みよりも断然楽で、ストレスフリー。これでかなりの手間が省けます。

でも、我が家のクローゼットの許容範囲に合わせないとなので、なんでもかんでも掛けられない。それを解決するには服を決めるしかない。そこで、衣替えです。

衣替えなんてやってるわ、って方もいると思いますが、私のはファッションショー付きです。毎年2回、衣替えのシーズンに、ひとりファッションショー的な仕分けをしているんです。

そのシーズンの服をとにかく全部出して、1着ずつ、コーディネートしながら着て、鏡で全身チェックしながらすべてを着てみる。まるで、ファッションショーのように！

今の自分が着てその服が似合ってるか、チェックします。今の気分に合ってる？　着た私、いい雰囲気になれてる？　って意識でやってると見えてくるの。新たに買い足したいものや、処分するしかないってものが。また、丈を直したり、ボタンを付け替えたりお直しに出そう、ってものが。

時間がかかるしすごく疲れるけど、これ、やっておくと後がものすごく楽。一度コーディネートしてるから、いざ着る時に、組み合わせに悩まなくていいのです。そして、だんだんモデル気分となり案外楽しめ、達成感もある。「まだイケる」とか「もう似合わない」っていうの、それは眺めてるだけではわからないけど、実際着てみるとよくわかる。何回も言ってるように〝客観視〟です。

だけどね、シーズン終わる頃には、またクローゼットがパンパンに。懲りないなぁ……。

でも、これが今の私のベストのやり方です。

着替えの時、必ず鏡で全身のバランスをチェック。

室礼（しつらい）で季節を感じる 季節を楽しむ

二十四節気を暮らしに取り入れています。日本には四季があり、季節ごとの行事があるのに、うっかりしているとあっという間に過ぎていく時間、季節……。

年中行事にあわせて季節の盛り物を中心に提案してくださる「室礼三千」の山本三千子先生の著書と出あい、感動し、お稽古に通うようになりました。日本の文化を知ることで世界が広がり、二十四節気、七十二候で姿を変える自然界を見立てた室礼で、わたしの日々の暮らしは確実に豊かになりました。

季節ごとの室礼は、お稽古で習ったことをベースにアレンジしてます。

季節を盛り、言葉を盛り、心を盛る、山本先生の季節の室礼は奥深く、大胆、ユニークで美しい。お稽古で習ったことをベースに自宅で私なりに楽しんでいます。

うちには床の間はないし、飾れるような空間もないのですが、部屋の一角を室礼スペースと決め、そこに季節ごとのしつらえをしています。

ちなみに、「一陽来復」は私が最も好きな言葉。12月末の一年で夜が最も長く昼が短い日「冬至」を指す言葉でもあり、「よくないことが続いた後にいいことが巡ってくる」つまりは「陰極まって陽となす」。私にぴったり、って毎年勇気もらってます！

中国茶時間で整いました！

来客があった時だけでなく、ひとりの時間にも、中国茶を楽しんでいます。小さな茶器を使って丁寧に淹れて味わう。まるで、おままごとです。中国茶の世界観をもっと知りたくてお稽古にも通ってます。

中国茶との出会いは13年ほど前。台湾に旅した時、茶芸館で淹れてくれたお茶の作法に感動したのがきっかけ。小さな茶器やお道具もかわいくて、動画に撮って、日本に帰ってから手持ちの道具で見よう見まねでやってみてハマりました。どハマりしました。中国茶の自由さがいい！ 大好きです。

お稽古に通いはじめ、道具を少しずつ揃えていって、今は日常的に楽しんでます。茶葉を選んで、お湯を沸かして、茶器を選んで、マットを敷いて、整えて……ってお作法をひとりでも楽しんでます。あっ、お菓子から茶葉を選ぶこともよくありますよ。どう組み合わせるかも楽しみなのです。

お道具の取り合わせを楽しんでます。

今は2か月ごと、渡邊乃月先生のお稽古に通っています。よりすぐった茶葉と茶器、茶菓子、しつらえ。毎回、先生の感性に感動してます。ひと呼吸おいてお手前をする……せっかちな私がリセットできる大事な時間です。

中国茶は発酵の仕方で6種類あり、おなじみの烏龍茶は半発酵茶である青茶。日本で一般的な緑茶は不発酵茶、紅茶は完全発酵茶です。また、産地や作り手によって全く味わいが違うのもおもしろい。と言いながら、その違いはよくわかんないけど、とにかく楽しい!

でもね、好きになるとことんやっちゃう性格なので、飲み方に気をつけています。お茶に含まれるカテキンやカフェイン、タンニンなどは飲みすぎると胃に負担になっちゃうから。あと、夕方以降は飲みません。私は眠れなくなっちゃうので。

中国茶のおかげで世界が広がり楽しいことが増えました。「好き」はまずやってみる、ですね。

キッチンからストレッチまで
マルチに使える手ぬぐい

手ぬぐい、好きです。デザインにバリエーションがあって、お値段も手頃。手を拭く、汗をぬぐう。料理に使ったり、モノを包んだり、ホコリや紫外線避けなどなど、マルチに使えます。手ぬぐいの両端を持って、肩甲骨を寄せるストレッチにもちょうどいい。キッチンでも手ぬぐいは必需アイテム。食器拭きにも料理にだって使えちゃう。薄手だけどタフな生地ですぐ乾くから、たくさん用意しておいて、惜しみなく使って、洗濯機で洗えばいい。

出先で温泉に、なんて時も、手ぬぐいが1本あればこと足りる。バッグにハンカチを入れとくよりも、無限大に使えるんですよね。

そもそも愛用するようになったのは、その絵柄のユニークさから。アメリカ人の友人宅に遊びに行ったおり、布団カバーに昔の手ぬぐいがパッチワークされてたのを見て、自由でレトロな絵柄がおもしろくって楽しい！ と。

何かの記念にいただく手ぬぐいや旅先で見つけた手ぬぐい。それぞれの絵柄に思い出が重なる。アートとして飾るって提案もあり、手ぬぐい、自由で可能性は無限大!! おもしろいのだ。

それぞれ思い出のある手ぬぐいたち。

あえて紙の新聞と書店で〝今〟を知る

この2、3年くらいかな、自分が世の中の流れについていけてるのか、すごく不安でした。ちょうど星占いで「土の時代から風の時代へ」変わると言われてた時期です。しかもコロナで自分と向き合わなきゃなって時でもあった。今まで軽く聞き流してた、グローバルとか、ダイバーシティとか、仮想通貨とか、ARとか、メタバースとか……。世の中に新しい言葉や概念がどんどん溢れ出して、詳しいことはよくわからないまま、なんだか置いてきぼりみたいで不安になっちゃって……。

ひとりを楽しむためのお金のこととか、株？ ＮＩＳＡ？ 貯金してるだけじゃダメ？ ＡＩによってなくなる仕事がある？ 80歳まで働きたい私、どうしたらいいの⁉ って、プチパニックに。

自分が興味ある情報しか届かないって時代。便利ではあるけど、偏ってる。世の中を知りたい、客観視したいから、とりあえずは経済を知ろう、と昨年は、経済の本をたくさん買い、経済ニュースを見て、新聞の定期購読をはじめました。

週3回発行の『日経ＭＪ』という流通やマーケティングの専門紙。世代的に、やっぱり紙媒体の信頼感。トレンド商品やヒット商品の情報や、新しいＰＲやマーケティングの手法、小売店の新展開みたいな記事で構成されている新聞で、見出しを見ているだけで、新しいテクノロジーや最近のマーケット動向がなんとなく伝わってくるんです。ゴリゴリの経済情報というのではなく、具体的なビジネスのニュースを通しているから、わかりやすいところがありがたい。情報だけでなくいい刺激をもらっていて、他はやめちゃったけど週3回の新聞チェックは私の新しい習慣になりました。

書店もいいです。特に買いたい本がない時でも、世の中の〝今〟のムードを眺めるのに立ち寄ります。平積みされてる本や売り上げランキングなどをざっと見てみるの。『日経ＭＪ』に載ってたテーマの書籍が平積みされていたり、私の知らなかった〝今〟があるんです。で、気になった本はとりあえず買っちゃいます。後でと思っても忘れちゃうから。なので、まだ読めてない本がたくさんある。これを「積読（つんどく）」というのだそうですね。インスタのフォロワーさんに教えてもらいました。

テレビでは『漫画家イエナガの複雑社会を超定義』（ＮＨＫ）を欠かさず。テレビドラマ風に世の中の社会現象を15分間で解説してくれるんです。

いろんなことが大きく変わってる時代。これから先を長く楽しめるように、今を知って、今を受け入れたいと少し努力しています。

60代からのお金の稼ぎ方
得意が仕事になるかも

中3の時に「ヘアメイクアーティストになる」と決めた私は、化粧品やメイク、きれいになることが大好きで、その〝好き〟を今まで仕事にしてこられた。ラッキーです！　そしてこれから先も、仕事したいと思っています。

仕事すれば収入になる。自立した自分の収入があると安心して楽しめます。それはたとえ少額であっても違います。

少子化による労働力不足で、シニア世代の社会参加は今後ますます求められる、と言われてますが、気力も体力もあらゆる能力が下がっちゃった私たち。なんでもできるってわけではありません。

でも、思わぬことがビジネスになる「時代」です。得意なこと、好きなことを求めてくれる人や会社は必ずあるはず。しかも今はシェアの時代。できることだけを持ち寄って、皆でカタチにするのもアリなのです。

また、金額の多寡は関係なく、〝お金を稼ぐこと〟は社会とつながること。自分の好きや得意を活かす60代からのお金の稼ぎ方、まだあるはず！　自分の可能性を探しています。

仕事の時は白い麻のエプロンで。

ＳＮＳで ひとりぐらしが広がる

みなさんは、インスタや、ＹｏｕＴｕｂｅなどＳＮＳはやっていますか？誰もが自由に発信できるＳＮＳ。フォロワーが多かろうが、少なかろうが、関係なく、自分の思いや考え、得意や知識を発信できる。また、興味あることや、知りたいことがすぐにわかる。学べる、楽しめる。私たち世代へのＳＮＳの効用とても大きいです。１９３０年生まれのゲーマーおばあちゃんユーチューバーもいらっしゃるし、年齢制限ありません。可能性無限大！

そしてなにしろ、ひとりの世界が広がります。ニッチな仲間に出会えるのもSNSならでは。自分のペースで楽しめるのもいい。

専業主婦の友人が「インスタがあって救われた。家事が楽しくできるようになったもん」と。

SNSのない時代は、家事の成果をお披露目する場がなかったけど今は、知らない人にも共有して、「いいね」やコメントがもらえます。せっかく写真撮るなら、器を選んだり、盛りつけ工夫して。やらなくてもいいけど、ちょっと〝盛ってみよう〟って。長い人生経験で得た知識や技を披露して感謝されたり情報交換したりして、生活にハリが出たと。

私自身もコロナ禍から始めた、毎日10分間のインスタライブを通じて、たくさんの方たちと接することができました。楽しいです。日々、学びと喜び、いただいています。みなさんのコメントから、「じゃあ次はこんなことをしてみよう」とアイデアが湧いたり、温かい言葉に励まされたり。SNSがなければ気がつかなかっただろうことがほんとうに多い。自分の思い込みに縛られず、いろんな人の思いや考えを知って、かえって楽に考えられるようにもなりました。私が教えていただくことも多いです。

毎日のインスタライブをしていて感じるのは、やはり見た目って大事ってこと。だいたい、すっぴんやメイク途中から始めてますが、初め顔に色がないと心配されますもん。でも、眉を描いたり、チークで血色入れ

パソコンよりスマホ派。

たり、マスカラつけると、一気に元気に見えるので、みなさん「わぁ〜」って。「白・黒・赤」の効果再確認です。画面を通して自分もチェックできますしね。

前にも書きましたが、私たちはとてつもない新しい時代を迎え、今まで誰も経験したことのない60代を過ごしていくことになりました。2023年現在、60代で所有率90％以上というスマートフォン。手のひらにのるコレだけで、会話ができ、写真が撮れて、音楽も聴ける。何でも調べられ、乗り物にも乗れて、買いものも簡単にできちゃうんですから。

もちろん私もスマホを手放せません。使うアプリは決まってますが、とにかく欠かせない。リアル大人を奮い立たせ、楽しませてくれるSNS。弊害もあるかもしれないけれど、日々楽しみながら生きてくためにも、うまく活用したいです。

親友探しよりも仲間づくり

なかなかに、人づきあいが難しくなってきました。いい人なんだけど、嫌な気分になっちゃうとか、面倒くさいな……って思っちゃう友達、いませんか？

それでも友達がいなくなったら寂しいし、なんとなく断りきれずつき合ってる、なんてこともあるかもしれません。

私はよく「友達が多そう」って言われますが、友達っていうか仲間が多いです。

趣味の仲間、例えば宝塚とか中国茶、京都で町中華食べる仲間とか。仕事でもたくさんいます。その人たちとは、共通の趣味を共に楽しむサークル仲間のような関係。ほどよい距離感でお互い自分の都合で行動するから、あまりストレスを感じません。

「友達が少ない」「親友がいない」っていう大人世代の悩みをよく耳にします。暴論かもしれませんが、親友なんて無理につくらなくていいんじゃない？　って。

60歳以降、たいせつにしたいのは、共通の趣味や嗜好を楽しむことだけに集中して、ほかの多くを求め過ぎない、広げ過ぎない。好きなことや楽しいことをその時々で共有できる仲間たち。そしてね、自分で俯瞰で客観的に見ることができれば、親友は自分自身。ひとりの時間は、もうひとりの自分と対話する時間と考えてみればどうでしょう。

自分がどうすれば心地よくいられるか、わかると思うのです。

私の今の座右の書

『室礼おりおり』
山本三千子・著(NHK出版)

日本人の美しい暮らしの文化を季節ごとにしつらえる。その祝いのしつらえ方と意味を丁寧な解説と美しい写真でまとめた一冊です。

『成熟スイッチ』
林真理子・著(講談社現代新書)

若くありたいのではなく今の自分をほどよく輝かせたい、60の壁を前にしてモヤってた気分をシャキッとさせてくれた一冊。林真理子さんの俯瞰力が素晴らしい!

『102歳、一人暮らし。』
石井哲代/中国新聞社・著(文藝春秋)

地元広島の哲代おばあちゃんのまるい生き方。ひとりを楽しみ、無理せず、カッコつけず。チャーミングな生き様、こうありたいです。

『中国茶のこころ』
李 曙韻・著　安藤 雅信・監修(KADOKAWA)

現代中国茶を知る一冊です。精神性や思想を学べ、また丁寧な解説は親切です。

『80代の今が最高と言える』
川﨑淳与・著(主婦の友社)

61歳でギャラリーをオープンさせ、その後の人生を楽しみ満喫された故・川﨑淳与さん。60歳から先を前向きに考えられた一冊。淳与さんの旦那様の「花の後は実をつける」って言葉は私の宝物です。

あとがき

60歳からは自分勝手で良い！

家族がいても、友達がいても、結局のところひとりです。もちろんひとりでは生きていけませんが、全ておまかせはいけません。

この人がいないと……って頼りきっていると、もしその人がいなくなってしまった時のダメージが大きいから。つまり、頼ってもいいけど自分でもできる、ひとりでできる、が大事なんじゃないかと思うんです。

30代後半からトレーニングやストレッチを続けているのも、マッサージの先生がいなくても、自分で立っていられる体になりたい！と思ったから。

SNSを使ってみるのも、ネットで藤井風のライブチケットを自分で買うのもそう。自分自身を錆びつかせないためにも、自分でやってみて、考えて、工夫し

て折り合いをつけるってことが、これからの人生に絶対必要。

「今ってさ、なかなか、おばぁちゃんになれない時代だよね」と友人がぼやいていたことがありました。サザエさん家のフネさんは52歳。ひと昔前、60歳は立派におばぁちゃんだったけど、時代が変わり、今では「女性」を引退するのははるか先。孫がいたとしてもフネさんみたいじゃない。

まず、見かけが違う。化粧品は進化して、エイジングの悩みを解決してくれるし、健康の情報も多く入って気を使う人が増えたから、皆さん元気。暮らしを便利にする道具が助けてくれるし、エンタメもたくさんあって心を豊かにしてくれる。

もちろん年齢なりの問題はいろいろあるけれど、気持ちも見た目も若い私たち、年齢なりのキレイはちゃんとある。

つまりね、60歳からは自分勝手で良いんです。元気に、美しく、ハッピーに。人生100年時代、楽しみましょう!

私もまだまだ進んでいく途中。この本と一緒に考え、探りながら、少しでもお役に立てたらうれしいです。

本書で紹介した商品、サロン、クリニック

50P 『エクサガン ハイパー』ドクターエア
https://www.dr-air.com/jp/ja/

64P 『のむシリカ』Qvou
http://nomu-silica.jp

74P 『アミノリセ ナチュラル モイスト ローション』 福光屋
https://fukumitsuya.co.jp

79P 『ブースターオイル』NEMOHAMO
https://nemohamo.com

80P 『オイルクラッシュハイドレーター』20NEO
https://20neo.jp

83P 『Lypo-C Vitamin C+D』SPIC
https://lypo-c.jp/

86P 『ブライト ビューティー リフティング アクティベーター』
エフェクティム
https://www.effectimbeauty.com/

91P 『シルクマッサージブラシ』KOBAKO
https://www.kobako.com

95P 『クロシャンプー』sunao
https://sunao-to.com/

92P 『リファファインバブル ピュア』ReFa
99P 『リファビューテック ドライヤープロ』ReFa
https://www.refa.net/

103P 『ヘナカラーセット』みんなでみらいを
https://www.minnademiraio.net/

104P 『ROOT VANISH 白髪隠しカラーリングブラシ』KIWABI
https://jp-shop.kiwabi.com/

120P 『マイファンスィー フェイスパウダー』Koh Gen Do
https://www.kohgendo.com/

131P 『EYE OPENING LINER』UZU BY FLOWFUSHI
https://www.uzu.team/

52P 「青山高橋矯正歯科医院」
https://www.aoyama-kyousei.com/clinic/

71P 「アローテ銀座」 https://www.araute-ginza.co.jp/

76P 「アイクリニック天神(医療法人ウェルビジョン)」
https://www.wellvision.jp

108P 「TWIGGY.」 https://twiggy.co.jp/

150P 「uka」 https://uka.co.jp/

家族がいてもいなくても、自分＝ひとりで楽しめるヒント

60歳 ひとりぐらし 毎日楽しい理由

2023年10月22日　初版第1刷発行

著者　山本浩未

発行人　三井直也
発行所　株式会社 小学館
〒101-8001　東京都千代田区一ツ橋2-3-1
電話：編集　03-3230-5800　　販売　03-5281-3555

印刷　TOPPAN株式会社
製本　牧製本印刷株式会社

撮影　玉井俊行
(表紙カバー、
9, 55, 63, 80, 99, 110, 135, 138, 140, 144, 155, 165, 173, 177, 179, 182, 186, 190 P)

構成　片山裕美
デザイン　Emenike　井関ななえ
編集協力　前川亜紀

販売　中山智子
宣伝　内山雄太
制作　尾崎弘樹
資材　斉藤陽子

ISBN-978-4-09-311545-2